センターに出る
古文単語150

東進ハイスクール・東進衛星予備校講師
吉野敬介

■センター試験特化型の古文単語集

センター試験に出る古文単語だけを一気に覚えてしまおう。

もちろんセンター試験だけにしか出ない古文単語なんていうのは存在しません。ただセンター試験には、文章の中に重要単語がすごく出る年と、ほとんど出ない年のどちらかに分かれるという特徴があります。そして、重要単語がすごく出る年の出典・ジャンルは物語、その中でも特に擬古物語で内容は男女の恋愛の話が圧倒的に多いという特色があります。出される文章に特色があるということは、当然その文章に出てくる単語も決まった単語が出るわけです。本書はそのような特色をふまえつつ、実際のセンター試験に出た単語を収録した、**センター試験特化型の古文単語集**です。

ですから、例えば「あからさまなり」や「さうざうし」などという古文単語はどの単語集にも載っている重要単語ですが、今までセンター試験では出たことがないため本書では掲載していません（巻末「私大文系・国公立文系のための一一〇番」にまとめてあります）。古文単語の意味も基本的にセンター試験に使われた意味のみに絞っています。ただこれはセンター試験以外の文章でも必ず覚えないといけない重要な意味ばかりですので安心してください。

■1語1分＝150分完成の高速マスター！

とにかく**古文単語に時間をかけないことを本書は意識しています**。そのために、本書はイラストを利用して単語をより早く効率的に覚えられるように工夫しました。また私が受験の時に覚えた覚え方や、受験当時、予備校の先生に教わった覚え方なども少しアレンジして載せてみました。その当時は「そんなゴロ合わせなんてすぐ忘れるだろう」と思っていましたが、いまだに意外と覚えているものです。ぜひ参考にしてみてください。

■充実の例文で記憶の定着をさらに深める

本書の例文はすべてセンター試験から抜粋しています（注が付いているものには、注も抜粋しています）。また、例文には、ただ見出語だけを掲載しているわけではありません。より効果的に覚えられるように、例えば「27うつくし」を見てもらえばわかりますが、単に「うつくし」が盛り込まれているだけではなく「19いと」「95ながむ」の見出語も盛り込まれています。つまり、「うつくし」の単語を覚えながら「19いと」の復習もできるし「95ながむ」の予習もできるわけです。150の例文のすべてがそうなっています。

ただし、例文をしっかり読もうとすると時間がかかるので、まずはイラストや時折登場するポイント・ゴロ合わせを使って150分で150語を一気に暗記した上で、例文を活用しながら記憶の定着をさらに深めていってみてください。本書が机上の友となることを心から祈ります。

最後に、いつも助言をくださる東進グループ専務の永瀬照久氏と、本書を出す機会を作ってくださった東進グループ理事長の永瀬昭幸氏にこの場を借りて厚くお礼申し上げます。

東進ハイスクール・東進衛星予備校講師　吉野敬介

本書の使い方

本書では、古文単語に時間をかけないで、早く次のステップに学習を進めていってほしいという思いから、次の活用方法をおすすめいたします。

■1周目：まずは150語を一気に覚える

見出語・意味・イラスト・ポイントだけを見て、古文単語を覚えます。この作業を、150語一気に済ませてしまいましょう。

■2周目：例文を読みながら、じっくりと覚え直す

次のステップ（文法・読解など）の学習を進めながら、同時進行で本書の例文を読みましょう。その際に、関連語に掲載されている古文単語も合わせて覚えましょう。

イラスト
古文単語の持つニュアンスや覚えやすいゴロ合わせなどをもとにして、一発で覚えられるように工夫しています。

見出語
このページで覚える古文単語です。歴史的仮名遣いが用いられている文字には、現代仮名遣いを付記しています。

関連語
出題回数は少ないながらも、センター試験に出たことのある、または「どうせ見出語の単語を覚えるのであればこれは関連して一緒に覚えてほしい」という単語を掲載しています。

例文
すべてセンター試験からの抜粋です。他ページの見出語や関連語・文法・古文常識などセンター試験に使える情報が満載です。
※文法：巻末P158～P159参照
常識：巻末P160～P165参照

ポイント
ゴロ合わせ・語源・語義の説明など、単語を覚える時に役に立つ情報を紹介しています。

意味
センター試験に出た意味に絞って掲載しています。

91

としごろ【年頃・年来・比】

名詞

長年
数年来

ポイント
「ころ（＝ころ）」の上に「年」や「日」がつくと、「ころ」は長い時間の経過を指す。センターでは出たことはないが、「月ごろ」は「数ヶ月（の間）・何ヶ月も」。

例文（源氏物語）
ふさはしからぬ御心の筋とは年ごろ見知りたれど、さるべきにや、
（私には）ふさわしくないご性格だとは長年見ていてわかっていたが、そうなるはずの（→夫婦となるはずの）前世からの因縁だったのでしょうか、

関連語
□ひごろ【日頃】：数日（の間）・ふだん

主な登場人物

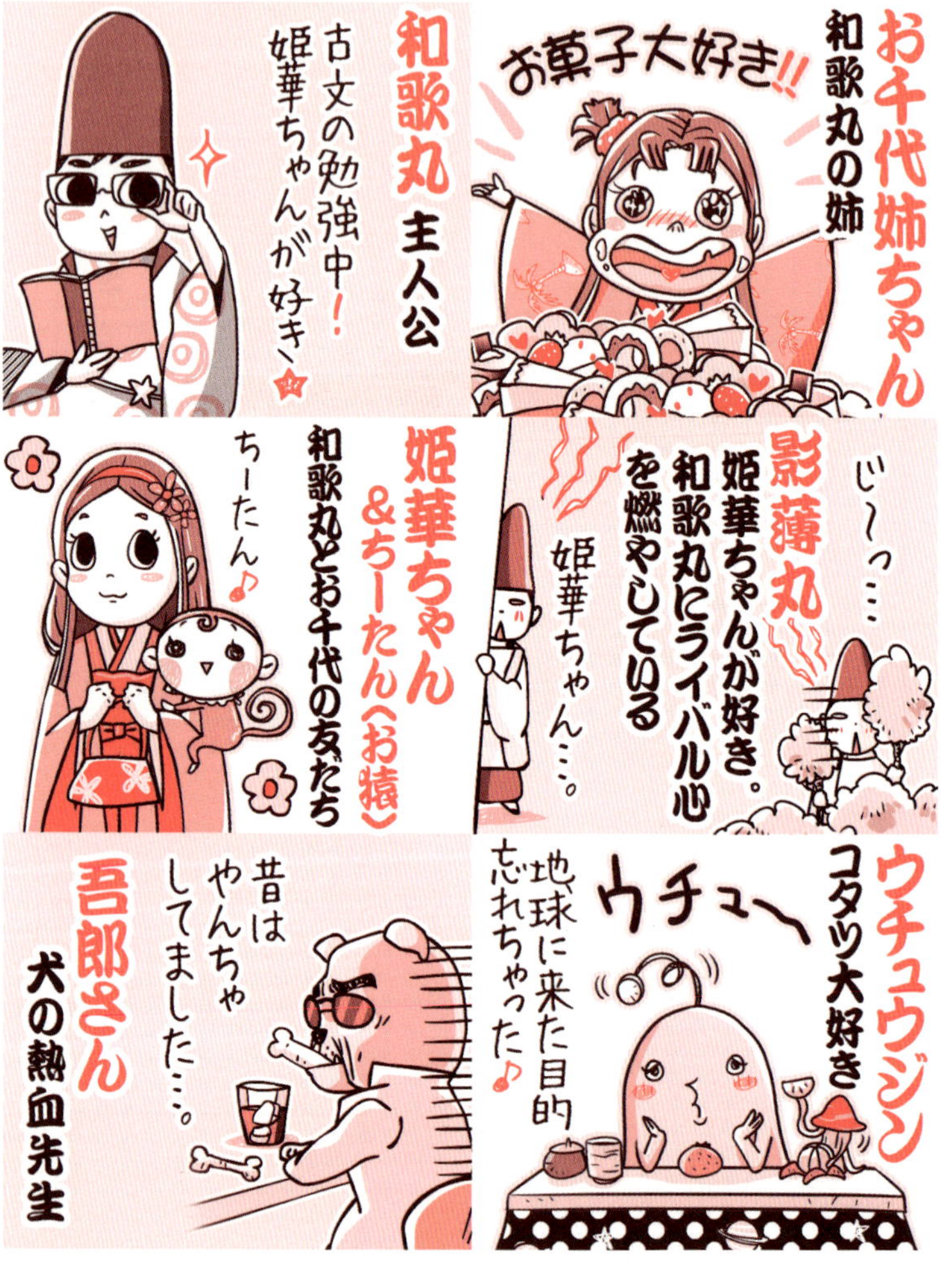
お千代姉ちゃん
和歌丸の姉
お菓子大好き!!
和歌丸
主人公
古文の勉強中!
姫華ちゃんが好き
影薄丸
姫華ちゃんが好き。
和歌丸にライバル心を燃やしている
じ〜っ…
姫華ちゃん…。
姫華ちゃん
&ちーたん(お猿)
和歌丸とお千代の友だち
ちーたん♪
ウチュウジン
コタツ大好き
ウチュ〜
地球に来た目的忘れちゃった♪
吾郎さん
犬の熱血先生
昔はやんちゃしてました…。

センターに出る
古文単語 150

START

センターまで
あと少し…
ゴゴゴゴ…
いくら
勉強しても
飽《あ》かず!!!
うむ!
名残惜しく
なるくらい
頑張れ

□□□

1

あかず

［飽かず］

連語

ー 満足しない

＋ いやにならない・名残惜しい

例　文（『松陰中納言物語』）

女君は、琴を召しけるを、[11]あやしと思して、開けて見させ給へば、飽かざりし名残をあそばして、

女君《おんなぎみ》は、（右衛門督《うえもんのかみ》が）琴をおとりよせになったのを、「不思議だ（→どうしたのかしら）」とお思いになって、（戻ってきた箱を）開けてご覧になると、満足しなかった別れ（→満ち足りないままに別れた思い）をお書きになって、

関連語

□ **あく［飽く］**：＋満足する

□□□

2 あかつき

［暁］

名詞

夜明け前

例文（『宇津保物語』）

「[71]え[文]しも思ふままにはまうで来じを、[75]さるべから[文]む折に、夜中暁にもまゐり来[文]むと思ふを、ここに、まことに[132]やがておはする人か。……」

「思いのままにはうかがうことはできないでしょうが、ふさわしいような折に（→ふさわしい機会を見つけて）、夜中でも夜明け前でも伺おうと思うが、（あなたは）ここに、本当にそのまま（→ずっと）住んでいらっしゃる方ですか。……」

関連語

□□ **あした［朝］**：朝・翌朝

□□ **つとめて**：早朝・翌朝

□□□

3

あきらむ

［明らむ］

下二	動詞

明らかにする

ポイント

「明《あき》らむ」と漢字を当てて覚えよう。古語の「明らむ」に現代語の「諦《あきら》める・断念する」の意味はない。

例　文（『真葛がはら』）

※山城の大都に上りて、高き[113]手ぶりをも見あきらめ[文]ばやと、[102]ゆくりなく思ひおこして、

「京都にのぼって、高雅（→気高くてみやびなこと）な筆づかいをも見て明らかにしたい（→はっきりと見きわめたい）」と、突然思い立って、

※山城の大都……京都。

□□□

4

あくがる

下二 動詞

さまよう

ポイント

語源は「あく（「場所」の意味）」＋「離《か》る（「離れる」の意味）」で、心や身が本来あるべき場所から離れてさまよい出るということ。

例文（『うつせ貝』）

[50]かく思ひかけぬ道に[102]ゆくりなく**あくがれ**出でぬるが、[72]さすがに悲しく、

このように思いもよらない旅路に突然さまよい出たことが、そうはいってもやはり（↓なんといっても）悲しく、

□□□

5

あさまし

シク｜形容

驚きあきれる

意外である・情けない

ポイント

動詞「あさむ（驚きあきれる）」が形容詞化した語。「浅《あさ》まし」は当て字だが、現代語の「あさましい（浅ましい）」の元になる語。現代では悪い意味でしか使わないが、古語では良い意味にも、善悪に関わらず意外なことに驚いたりあきれたりする気持ちを表した。

例文（『歌の大むね』）

月の空に白《しら》みて見えしが、いと[19]いと恨めしくあさましくて、この月だにかからずは逢ひ語らはんよしもあるべきものをと

「月が空に白々と見えたことが、たいそうとても（↓まったくひどく）恨めしく驚きあきれて、この月さえ（東の空に）出かからなかったら逢って語りあうような手だてもあるのに違いないのになあ」と

□□□

6

あぢきなし

ク　形容

どうしようもないつまらない

例文（『松浦宮物語』）

※皇女つひに参りたまひぬ。[53]ときめきたまふこと[23]いみじきを見聞くに、[20]いとどあぢきなさまさりて、[50]かくなむ。

神奈備《かんなび》の皇女《みこ》はとうとう帝のもとに入内《じゅだい》（→天皇の奥さんになること）なさってしまった。（そののち神奈備の皇女が）帝の寵愛を受けてたいそう栄えていらっしゃることを見聞きするにつけて、（弁《べん》の君は）いっそうどうしようもなさ（→やりきれなさ）が勝って、このように（歌を詠む）。

※皇女……神奈備の皇女。

関連語

▼□ よしなし：つまらない・どうしようもない
146 わりなし

☆□□

7

あてなり【貴なり】
あてやかなり

ナリ｜形動

優美である・上品である

身分が高い・高貴である

例文（『太平記』）

月影[51]の、時雨[常]の雲間より、ほのぼのとあらはれ出でたるに、御簾[常]《みす》を高く巻き上げて、年のほど十七、八ばかりなる女房[文]の、言ふばかりなくあてやかなるが、

月の光が、時雨《しぐれ》を降らせた雲間から、わずかに現れ出ているところに、御簾（すだれ）を高く巻き上げて、年のほど十七、八ほどの女性で、言いようもなく優美な女性が、

関連語

□ **えんなり【艶なり】**：優美である・上品である
□ **いうなり【優なり】**：優美である・上品である
□ **なまめかし**：優美である・上品である
□ **なまめく**：若々しく美しい
□ **やさし【優し】**：優美である・上品である

☆□□

8

あながち

［強ち］

ナリ　形動

強引に・無理に
一途に・ひたすらに

ポイント

本来は「あな」は「己《おの》れ」、「かち」は「勝ち」で「己れ勝ち」で、自分のやりたいまま、衝動のままにやっていくさまをいい、そこから「強引に・無理に」の意味が生まれ、それがプラスの意味になると「一途に・ひたすらに」となる。

例文（『源氏物語』）

あながちに住み離れ顔なる御ありさまに、怠[35]りつつなん。

ひたすら俗世間をさけているご様子であるので、（来訪を）なまけて（やってきませんでした）（↓ごぶさたしてました」。

□□□

9

あは《ワ》れなり

ナリ　形動

「ああ!」というしみじみと心に深く感じられる感動

しみじみと情趣がある

趣深い・悲しい・さびしい・かわいい・すばらしい

例文（『宇津保物語』）

[50]かくて、あはれに、[23]いみじく心細げなる[61]けしきを見給ひしより、思ひつきにしを、まして、近く見ては、いまは千重《ちへ》まさりて、あはれに[27]かなしくおもほえて、

こうして、しみじみとさびしげで、とても心細そうな（女の）様子をご覧になったことから、（女を）恋しく思う気持ちがついたのに、まして、（このように女の）そば近くで会うことになっては、（愛情が）さらに千倍にも勝って、しみじみと愛しく思われて、

関連語

□**あな・あはれ**：ああ

▼148**をかし**

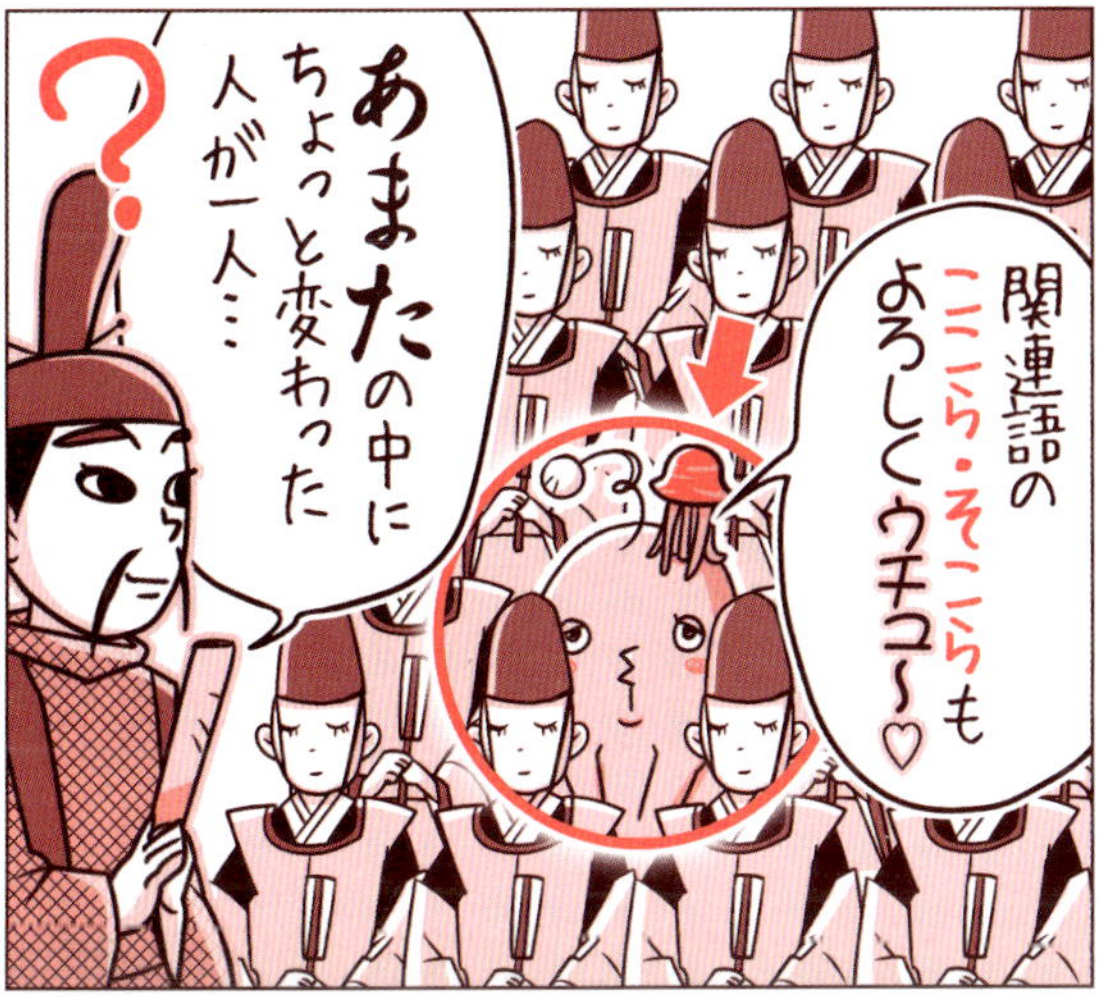

□□□

10 あまた

副詞

たくさん

例文（『源氏物語』）

いろいろの[常]狩衣《かりぎぬ》姿の男《をのこ》ども[文]の若きあまた[130]して、君も同じ[常]装束《さうぞく》にて、南面に呼び据ゑたれば、うち[95]ながめて[147]ゐたり。

色とりどりの狩衣姿の男たちで若い男たちをたくさん連れて、中将も同じ着物姿（→狩衣姿）で（やってきたのを）、南面に呼んで座らせて（→待たせて）いると、（中将は）ぼんやりとものの思いにふけって座っている。

関連語

□ **ここら・そこら**：たくさん

☒□□

11

あやし

［怪し・賤し］

シク	形容

【怪し】：不思議だ
【賤し】：みすぼらしい
［賤し］：身分が低い

ポイント

本義は「不思議だ」という不審の意味。平安時代の貴族の目から見ると、貧しい庶民の生活は不思議で理解できないものに感じられたことから「みすぼらしい・身分が低い」の意味が生まれた。

例　文（『しら露』）

[19]いとあやしげに狩衣《かりぎぬ》[常]姿[130]して、にこやかなる男《をのこ》[文]の、黒き馬にうち乗りたるが、ただこの軒の下に立てりければ、[86]つつましくてのぞきも[130]せ[文]られず。

たいそうみすぼらしい狩衣姿をして、おだやかな感じの男で、黒い馬に乗った男が、ただこの（家の）軒下に立っていたので、（杉子は）気がひけてのぞくこともできない。

□□□

12

あらぬ

連体詞

別の
違った

ポイント

ラ変動詞「あり」の未然形「あら」に打消の助動詞「ず」の連体形「ぬ」がついて、連体詞として一語化して成立したもの。

例　文（『うなゐ松』）

あらぬ人なれど、[72]さすがに[97]なつかしからずはあらず。

別人だけれども、そうはいってもやはり心ひかれずにはいられない。

関連語

□ **さらぬ［然らぬ］**：別の

現代語「ありがとう」の感謝の意味は江戸時代からだよ～
うき～
プレミアムバナナ♡
『有り難し』
＝
存在することが難しく
＝
『めったにない』
だから『すばらしい』

13

ありがたし

［有り難し］

ク	形容

めったにない（めったにないほど）すばらしい

ポイント

「めったにないほどすばらしいことをしてくれてありがたし」と覚えてみてはどうですか（笑）。

例文（『榻鴫暁筆』）

※斉の宣帝の五重の漸台を破り捨て給ふは、ありがたき[142]ためしには侍らずや[文]。

中国の戦国時代の斉《せい》の宣王《せんおう》が（遊覧のための）展望台をおとり壊しになられたのは、めったにないほどすばらしい先例ではございませんか。

※斉の宣帝の五重の漸台《ぜんだい》を破り捨て給ふ……中国の戦国時代の斉の宣王が（遊覧のための）展望台を破却したこと。

□□□
14
ありし

連体詞

以前の

関連語

□ **ありつる**：以前の・さきほどの

例　文（『夢の通ひ路物語』）

いよいよ「[3]あきらめ[文]てしがな」と思ひ[143]わたれど、ありしやうに[※]語らひ人[文]さへ聞こえねば、

ますます「（真実を）明らかにしたい（↓はっきりさせたい）」とずっと思い続けなさるけれども、以前のように相談相手となる人までも（ご連絡を）申し上げることがないので、

※語らひ人……相談相手となる人。ここでは女君の侍女の右近を指す。

☆□□

15

いかが

副詞

疑 反 どのように どうして

例文（『兵部卿物語』）

按察使の君は、人より[62]異《け》に[23]いたう苦しくて、御《み》[常]几《き》帳《ちやう》の後ろよりすべり出でぬるを、いかがおぼしけむ、しばし見やらせ給ひて、

按察使《あぜち》の君は、他の女房たちよりもいっそうひどく苦しくて、御几帳の後ろからそっと退いて出て行ったのを、（宮は）どのようにお思いになったのだろうか、しばらくの間じっとご覧になって、

関連語

□ **いかがはせむ【如何は為む】**：疑 反 どうしようか

16 いかで

副詞

疑 反 どうして

何とかして

例文（『源氏物語』）

ことに[19]いと[9]あはれに思しめさるれば、いかでこのことをかすめ聞こえばやと思せど、

特にたいそう（→さらにいっそう）しみじみ身にしみてお思いになられるので、「何とかしてこのことをほのめかし申し上げたい」とお思いになるが、

関連語

□ いかでかは：反どうして

□□□

17

いかに

副詞

どのように

どんなにか

例　文（『一本菊』）

宮の御手[113]にてわたらせ給ふ。いかにして思し召し寄りけるぞ[文]。もとより、これこそ、[85]あらまほしきことにてあれ。

宮のご筆跡でいらっしゃる。どのようにして（妹に）心をお寄せなさったのか。（でもまあ）本来、これこそ、望ましいことなのだ。

関連語

□ **いかにせむ**：どうしたらよいだろうか

□□□

18 いざ

感動詞

さあ

例文（『来目路の橋』）

ひとりふたりに[68]こととひかはし、いさ、[68]ことかたにとおもふ折[文]しも、

一人二人と言葉をかわし、「さあ、違う場所に（行こう）」とちょうど思っていた時に、

関連語

□ **いざたまへ【いざ給へ】**：さあいらっしゃい

☆☆□

19

いと

副詞

たいそう・とても

例文（『三国伝記』）

京よりとて、いと[7]なまめきたる女、忍[79]んで七日参籠《さんろう》せり。何となく立ち寄りて物[118]語しければ、

「都から（来た）」と言って、たいそう上品で美しい女性が、人目をさけて七日間寺に参籠していた。何気なくそばに行って世間話をしたところ、

関連語

□ **いと・いたく** ―― **打消**：たいして・あまり〜ない

20

いとど

副詞

ますます・いっそう

ポイント

「いとど」は19番の「いと」を重ねた「いといと」を略語化した語だといわれている。「いと」を二回重ねるのでさらにパワーアップして「ますます・いっそう」なんて覚えてもいいかも。

例文(『うなゐ松』)

この人のいとど[101]なやましく、うたて[125]あれば、耳のよそにて、「いかに[17]せん、いかに[17]せん」と

娘がますます(病状が悪化して)苦しそうで、普通ではないので(→どうしようもない状態なので)、耳に入らず、「どうしようか、どうしようか」と

マッチ売りの少女に続く第三弾
「糸売りの少女」
糸ほしくありませんか〜
いとほしくありませんか〜
わっ…
気の毒だから買ってあげよう…

21

いとほ《オ》し

シク｜形容

気の毒である

例　文（『夢の通ひ路物語』）

「かやうに[68]こと少なく、節《ふし》なき[文]ものから、[20]いとど[9]あはれにもいとほしうも御覧ぜむ」と、

「このように言葉少なく、これといって心に留まる点もないけれども、（男君は）ますますしみじみと気の毒にもご覧になるだろう」と、

関連語

□ **びんなし【便無し】**：不都合である・気の毒である

□ **ふびんなり【不便なり】**：不都合である・気の毒である

▼ [64]**こころぐるし**

□□□

22

いまめかし

［今めかし］

シク　形容

当世風である・今風である

はなやかである

ポイント

名詞「今」＋接尾語「めかし」からの成立。「めかし」は「〜らしい」という意味。要するに「今らしい」ということ。

例文（『落窪物語』）

君達《きんだち》は、はなやかに※御妻方《めがた》のさしあひてもて[53]かしづき給ふこそ今めかしけれ。

貴族のお子様方は、華やかに妻の実家の後ろだてが加わって（婿《むこ》を）大切にお世話なさるのが今風です。

※御妻方のさしあひて……妻の実家の後ろだてが加わって。

□□□

23

いみじ

［忌みじ］

シク　形容

たいそう
＋ すぐれている・すばらしい・立派である
－ 不吉だ・ひどい・大変である・悲しい

（程度を表し）たいそう〜・とても〜・ひどく〜

例　文（『浜松中納言物語』）

[138]世馴《な》れたる人なら[文]ば、我が[35]おこたりならぬ人の[88]つらさをも、すこしは恨みかへしつべき[文]ぞかし、ひとへにはづかしくいみじと思ひきこえたるも、

男女の仲（→男女の関係）に慣れている女性であるならば、自分のなまけではない（→怠慢さからではない）男の薄情さをも、少しは恨み返すことだろうよ。「（けれどもそれを）ひたすら恥ずかしくたいそう悲しい」と思い申し上げているのも、

関連語

□ **いたく**：ひどく
※終止形は「いたし」で、「いみじ」とほぼ同じ意味と考える。ただセンターでは今まですべて連用形「いたく」の形で出ている。

24

いやし【賤し・卑し】

シク | 形容

身分が低い

みすぼらしい・下品である

ポイント

「賤《いや》し」または「卑《いや》し」と漢字を当てる。現代でも「いやしい（＝（飲食物などに）ガツガツする・欲望をあらわにして、さもしい）」意味として用いられているが、古文では「身分が低い」、これが基本で「みすぼらしい」「下品である」という意味が生まれた。

例文（『真葛がはら』）

「[10]いと[21]不便なりつること[文]かな。おしなべては叶《かな》ひがたきことなれど、志の深さには、高きいやしきけぢめもなきもの[文]ぞ。」

「たいそう気の毒であった（↓気の毒な）ことだなあ。普通なら叶うのが難しいことではあるが、志の深さには、身分が高い・身分が低いの隔てはないものだ。」

25

うし 【憂し】

ク	形容

つらい
いやだ

例文（『夢の通ひ路物語』）

ほどなく魂の憂き身を捨てて、君があたり迷ひ出《い》で[文]なば、結びとめ給へかし[文]。[115]

間もなく魂が（この）つらい我が身を離れて（↓生霊となって）、あなたのもとにさまよい出たならば、結びとめなさって（↓お引きとめなさって）くださいよ。

関連語

▼ 63 こころうし・125 むつかし

姫華ちゃんのことが
うしろめたい…
見えないけど後ろのほうに…
影薄丸
??

□□□

26

うしろめたし

ク　形容

気がかりである

例　文（『源氏物語』）

上[※1][29]は、夢のやうに[23]いみじきことを聞かせ給《たま》ひて、色々に思《おぼ》し乱れさせ給ふ。故[※2]院[常]の御ためもうしろめたく、大臣[※3][常]《おとど》の、[50]かく[※4][45]ただ人《うど》にて世に仕へ給ふも[9]あはれに[52]かたじけなかりけること、かたがた思し悩みて、

帝は、夢のようなたいそう大変なこと（→大事＝自分の出生の秘密）をお聞きになって、様々にお心を乱しなさる。故院《こいん》（＝亡くなられた桐壺帝《きりつぼのみかど》）の御ためにも気がかりなことであり、（実の父であるとわかった）源氏《げんじ》の大臣《おとど》が、こうして臣下（貴族）として朝廷にお仕えになっていらっしゃるのもしみじみと身にしみておそれおおいことだと、あれこれお悩みになって、

※1 上……冷泉帝を指す。　※2 故院の御ためもうしろめたく……「故院」は桐壺帝。冷泉帝は、亡き桐壺帝が藤壺と光源氏の間の秘密を承知していたかどうか気がかりに思っている。　※3 大臣……光源氏を指す。　※4 ただ人……臣下。

関連語

□ **いぶかし・いぶせし**：気がかりである

▼ 42 **おぼつかなし**・66 **こころもとなし**

27

うつくし【美し】

シク　形容

かわいい・かわいらしい

例文（『源氏物語』）

姫君は、我は我と思ひ出づるかた多くて、ながめ[95]出だし給へるさま、いと[19]うつくし。

姫君は、「自分は自分だ」と（いう気持ちで）思い出すことが多くて、ぼんやりと外を眺めていらっしゃっている様子はたいそうかわいらしい。

関連語

□ **かなし【愛し】**：かわいい・かわいらしい
□ **らうたし【労甚し】**：かわいい・かわいらしい
□ **あいぎゃう【愛敬】**：かわいさ・かわいらしさ

□□□
28
うつつ
【現】

名詞

正気
現実

ポイント

漢字で「現《うつつ》」と覚えてしまえば、まあ間違えることはないと思うが、夢に対して目が覚めている時のような現実の状態。夢心地（＝夢を見ている時のような気持ち）に対して正気（＝気の確かな状態）。

例　文（『夢の通ひ路物語』）

かたみに恋しう思《おぼ》し添ふことさまざまなれど、夢ならで通ひぬべき身ならねば、現《うつつ》の[82]頼め絶えぬる[63]心憂さのみ思しつづけ、

（男君と女君は）互いに恋しく思いをお寄せになることが様々であるけれど、夢（の中）でなくては決して通っていけそうな身の上ではないので、現実には（逢うことを）期待させる望みが絶えてしまった（→逢う期待も断たれてしまった）つらさばかりを思い続けなさり、

□□□

29

うへ《エ》［上］

名詞

天皇（帝）

例　文（『恋路ゆかしき大将』）

上、[19]いとも興あり、[32]えならぬことに思されて、笑み入らせ給ふ。[72]さりとも世の常におどろかれぬ数には思はじ[文]ものを。

帝は、たいそうおもしろく、なんとも言えないほど喜ばしいこととお思いになられて、（満足そうに）お笑いになる。いくらなんでも（大将は姫君のことを）普通であって驚くほどでもない類いの女性とは思わないだろうになあ。

関連語

□ **うち［内・内裏］**：天皇（帝）・宮中

□ **九重・雲居**：宮中

▼ [43]**おほやけ**

売っている箸《はし》は整っていて美しくてきちんとしているなぁ
ちーたんはフォークがいい!!
箸売場

□□□

30

うるは《ワ》し

【麗し】

シク	形容

整っていて美しい

きちんとしている

例文（『松しま日記』）

これにてはうるはしく[46]おもしろきが、[70]さればとてはじめの心にいささかたがふ事なし。

このように手を入れることによって、（この歌は）整っていて美しく趣深いものになりますが、だからといって（あなたが詠んだ）はじめの（歌の）情景と少しも違っていることはない。

関連語

- きよら【清ら】：美しい
- きよし【清し】：美しい
- きよげ【清げ】：美しい

□□□

31

え ― 打消

呼応の副詞

～できない

例文（『宇津保物語』）

おぼつかなき[42]こそ頼もしかなれ。い[19]と、あはれ[9]に見え給ひつれば、えまかり過ぎざりつるを、思ふ[※]もしるく[80]なむ。

（お互いの気持ちが）はっきりわからないという方が（将来は）頼もしいですよ。（あなたが）とてもさびしげにお見えになったので、（私は）通り過ぎ申し上げてしまうことができなかったが、思った通りでした。

※思ふもしるくなむ……思った通りでした。

関連語

□ **動詞＋あへず・がたし・わぶ**：～できない

□□□

32

えならず
えもいは《ワ》ず

連語

なんとも言えないほど＋

なんとも言えないほど－

ポイント

「えならず」はプラスの意味で出ることが圧倒的に多く、「えもいはず」はプラス・マイナス両方の意味で出る。

例文（『うつせ貝』）

えもいはず[148]をかしきを、「かれ見給《たま》へ。種しあれば、かかる[50]荒磯《あらいそ》にも、生ひ出づる松はありける[文]ものを」など言ふに、

なんとも言えないほど趣深いので、（男は女に）「あれをご覧なさい。種さえあれば、このような荒磯にも、生え出る松はあったのですねえ」などと言うと、

□□□

33

おくる

［後る］

四段 動詞

先立たれる（この世に）取り残される

例 文（『真葛がはら』）

※鳴る神につく獣《けだもの》の、雲に**おくれ**たるに似たり。[19]いと[108]はしたなりと思ひ屈しつつ、名所など見めぐりて籠《こ》りをりき。

落雷とともに落ちてくると伝えられる怪獣が、（地上に落ちないで）雲に取り残されてしまったのと同じである。「とてもきまりが悪い」と気落ちしながら、名所などを見物して回って（その後は宿に）こもっていた。

※鳴る神につく獣……想像上の怪獣。落雷とともに地上に落ちてくると伝えられていた。

関連語

□ さきだつ［先立つ］：先にあの世に行く

□□□
34
おこす

下二｜動詞

よこす

ポイント

「遣《おこ》す」と漢字を当て、向こうからこちらへ人や物を送ってくる、つまり「よこす」ことをいう。

例　文（『夢の通ひ路物語』）

昨日文[113]おこせし中《うち》に、かかるもの[50]なむ侍りける。

昨日手紙をよこした中に、このようなことが（書いて）ありました。

関連語

□やる：送る

□□□

35

おこたる

【怠る】

四段 動詞

病気がよくなる

なまける

例文（『井関隆子日記』）

つひにおこたら[文]で、[35]篤《あつ》しうなれる[115]ほど、[50]かくては[31]え生くべくもあらず、[17]いかにかせまし、とて憂ひ嘆かれしを、

とうとう病気はよくならないで、病気が重くなったころ、「このままではとても生きていることができそうにない、どうしたらよいだろうか」、と言って嘆き悲しみなさったが、

関連語

□ **あつし【篤し】**：病気が重い

▼ [101] **なやむ**

ちゃんとやってるよぉ〜
ギロッ
仏道修行は当時生活に密着したおこない(行為)だった
ちーたんメモ

□□□
36
おこなひ（イ）
［行ひ］

名詞

仏道修行

例文（『とりかへばや物語』）

一筋に行ひ[36]勤めさせ給ひければ、いみじく[23]うれしく、年ごろ[91]おぼしつる本意、かなひ出でぬる心地せさせ給ふ。

一途に仏道修行に励んでいらっしゃったので、たいそう嬉しく、長年祈っていらっしゃった本来の志が、すっかりかなったような気持ちがなさっている。

関連語

- □ **おこなふ［行ふ］**：仏道修行をする
- □ **つとむ［勤む］**：仏道修行をする
- □ **つとめ［勤め］**：仏道修行

□□□

37

おとなし

［大人し］

シク｜形容

大人びている

思慮分別がある

例文（『源氏物語』）

大将殿も聞き給ひて、「[76]されば よ、[19]いと急に[130]ものし給ふ本性《ほんじやう》なり。この※おとどども、はた、おとなおとなしうのどめたるところ[72]さすがになく、……」

大将殿《たいしょうどの》もお聞きになって、「やっぱり思った通りだ、この三条殿《さんじょうどの》(三条殿は)とても短気でいらっしゃる性格だ。この三条殿の父上も、また、大人らしく落ち着いたところがやはり欠けていて、……」

※おとど……三条殿の父。

関連語

□ **いとけなし［幼けなし］・いはけなし**：幼い

□ **まだし［未だし］**：まだ早い・未熟である

□□□

38

おどろおどろし

シク　形容

おおげさである・恐ろしい

気味が悪い

例　文（『うつせ貝』）

「人や見つけむ」と思ふも[19]いと恐ろしきに、雷《かみ》[文]さへおどろおどろしう鳴れば、またも「いかならむ」と女の心思ひやるに、我[文]さへ[19]いと苦しくて、

「誰かが（私たちを）見つけるだろうか」と思うのもたいそう恐ろしいのに、（その上）雷までも（非常に）恐ろしいぐらいに鳴るので、（男は）またも「どんな状態だろう」と女の心を思いやると、自分までたいそう苦しくて、

関連語

□ **ことごとし**：おおげさである

□□□

39

おどろく【驚く】

四段｜動詞

目を覚ます
（はっと）気がつく

例文（『浜松中納言物語』）

女も[132]やがて帳のうちに寝たりけるに、うちおどろきて、[12]あらぬけはひ、と見るに、[5]あさましく[23]いみじけれど、

女も（衛門督《えもんのかみ》が宿直《とのい》に出かけると）すぐに帳台《ちょうだい》の中で寝ていたが、目を覚まして、「（夫の衛門督とは）別人の感じだ」、と思うと、ひどく驚きあきれたが、

関連語

□ **おどろかす【驚かす】**：起こす・気づかせる

□□□

40

おのづから

【自ら】

副詞

自然と

たまたま・ひょっとして

ポイント

センターには出たことはないけど、「たまたま・ひょっとして」の意味はよく問われるので、私立文系・国公立文系の生徒はこの二つの意味も覚えておこう。

例　文（『とりかへばや物語』）

後の世の[36]勤めも、おのづから懈怠《けだい》し侍りつるを、今よりは、一筋に[36]行ひ[36]勤め侍るべきなれば、[23]いみじううれしかるべき

来世の（ための）仏道修行も、自然と怠っておりましたが、今からは、一途に仏道修行のお勤めもできる（身）であるので、たいそう嬉しいに違いない（ことだと思っております）

□□□

41

おぼえ

名詞

評判

寵愛

例　文（『落窪物語』）

「古めかしき心なればにやあらむ、今[22]めかしく好《この》もしきことも欲しからず、おぼえも欲しからず、父母[59]具したら[文]むをとも[44]おぼえず。」

「（私は）古風な性格であるからであろうか、今風で色好みめいたことも望まないし、評判（↓名声）も欲しくないし、両親の揃っているような女を欲しいとも思わない。」

関連語

□ **聞こえ**：うわさ・評判

□ **名**：評判

□□□

42

おぼつかなし

ク｜形容

気がかりである・はっきりしない

不安である・待ち遠しい・じれったい

例文（『うつせ貝』）

[50]かくて[100]なほ、その夜も空《むな》しくて明けぬ。[20]いとどおぼつかなく思ひ[145]わびて、また人[34]やりつるに、行きたがひて、彼方より下仕への女を[34]おこせたり。

こうしてやはり、その夜もむなしく明けてしまった。（男は）ますます（女のことが）気がかりでつらく思って、もう一度使いの者を（女のもとに）送ったけれども、行き違いになって、向こう（↓女の方）から下女をよこした。

関連語

▼[26]うしろめたし・[66]こころもとなし

おほやけ
ちーたんメモ
元は「大宅《おほ やけ》」
つまり大きな家から朝廷。
そこに住んでいるのは帝

□□□

43

おほ《オ》やけ

【公】

名詞

朝廷（幕府）・天皇（帝）

公的なこと

例文（『栄花物語』）

「親の[49]限りにおはせ[文]む見奉りたりとて、おほやけも[20]いとど罪せさせ給ひ、神仏もにくませ給は[文]ば、[100]なほ、[75]さるべき[文]なめりとこそは思はめ」

「親が最期（→臨終）でいらっしゃるようなのを見申し上げたからといって（→拝見したからといって）、朝廷も（私に）いっそう罪を重くなさり、神や仏も（私を）憎みなさるならば、やはり、そうなるはずの運命なのであるようだと思おう」

関連語

□ わたくし【私】：個人的なこと
▼ [29]うへ

□□□

44

おぼゆ

【覚ゆ】

下二	動詞

思われる

わかる・思い出される・似ている

例文（『狗張子』）

角左衛門、その貧困辛苦の体を見て、[49]かぎりなく、[9]あはれにおぼえ**、また、その容貌の[7]優に[7]やさしきに見とれて、やや傍《そば》に寄り、手を取りて、「[50]かかる[7]艶《えん》なる身をもちて、この辺鄙に貧しく送り給ふこそ遺恨なれ。」**

角左衛門《かくざえもん》、女の貧しくて暮らしに困り苦労している様子を見て、この上なく（→たいそう）気の毒に思われ、また、女の容貌の上品で優美である様子に見とれて、少し傍に近寄り、手を取って、「このような優美である身をもって（→こんなに美しい身でありながら）、このような片田舎で貧しく暮らしていらっしゃるのは実に恨みがましいことだ（→実に残念だ）。」

関連語

▼[58]きこゆ・[123]みゆ

□□□

45

おぼろけなり（なのめなり）

ナリ｜形動

並一通りである・普通である

並一通りではない

例文（『風につれなき』）

母上、[常]中宮の亡き御[51]影にきずとなるばかりのこと[文]だにし出で給は[文]ずは。おぼろけにて[70]さばかりのことあるまじけれど、

母上や、中宮の亡きお姿に（→ご遺影〔または、ご名誉〕に対して）傷をつけるほどのことさえしでかさないならば（自由にお過ごしなさい）。普通ならそれほどのことではないでしょうが、

関連語

□ **ただ人《うど》【直人・徒人】**：普通の人
臣下（貴族）→皇族に対して

▼ 99 **なべて**

□□□

46

おもしろし

［面白し］

ク　形容

趣深い

風流だ

ポイント

「面《おも》（目の前・人の顔）」＋「白《しろ》し（白い・明るい）」が語源で、目の前が明るくなり、気分（心）が開放される感じが元の意味。

例文（『うなゐ松』）

四、五日ありて、初桜[文]の面白きを人のもとより[34]おこせたるに、[90]とく、[97]ゆかしがりつるものを見せ[文]んと、花瓶《はながめ》に挿しおきたれば、

四、五日たって、初咲きの桜で趣深く（咲いた）桜をある人のところからよこしてくれたので、「早く、（娘が）見たがっているものを見せよう」と、花瓶にさしておいたところ、

覚えよ!
現在使っている
「学問を疎《おろそ》かに
してはいけない」の
疎《おろそ》かを
連想しよう!
スパッ
はっ…
ハイッ

□□

47

おろかなり

［疎かなり］

ナリ	形動

いいかげんである
並一通りである
言うまでもない

例文（『栄花物語』）

「今は[67]心安く死にもし侍《はべ》るべき[文]かな」と、よろこび聞こえ給ふも、[16]いかで[文]かはおろかに。[9]あはれに悲しとも世の常なり[文]や。

「（対面した）今は安心してきっと死ぬことができますよ」と、喜び申し上げなさることも、どうして並一通りのことであろうか。しみじみと身にしみて悲しいなどと言うのもありきたり（の言い方）であるよ。

関連語

□ **いふもおろかなり・さらにもいはず**：言うまでもない

□ **いふもさらなり・さらなり**：言うまでもない

□□□

48

かきくらす

［かき暗す］

四段 動詞

心を暗くする 悲しみにくれる

例文（『五葉』）

たかやかに物語[118]し給へる御顔の匂《にほ》ひ[103]などは、ただ母君のそのままにうつしとり給へるを見給ふには、え[31]たへ給はず、**かきくらさ**れ給ふ。

大声で（まだ言葉にならないことを）話していらっしゃるお顔の美しさなどは、ただ（もう亡き）母君そのままに写しとっていらっしゃるのを（→写しとっていらっしゃるようでそれを）ご覧になると、（親王はあふれる涙を）こらえることがおできにならず、**悲しみにくれて**いらっしゃる。

関連語

□ **こころづくし**［心尽し］：さまざまに思い悩むこと

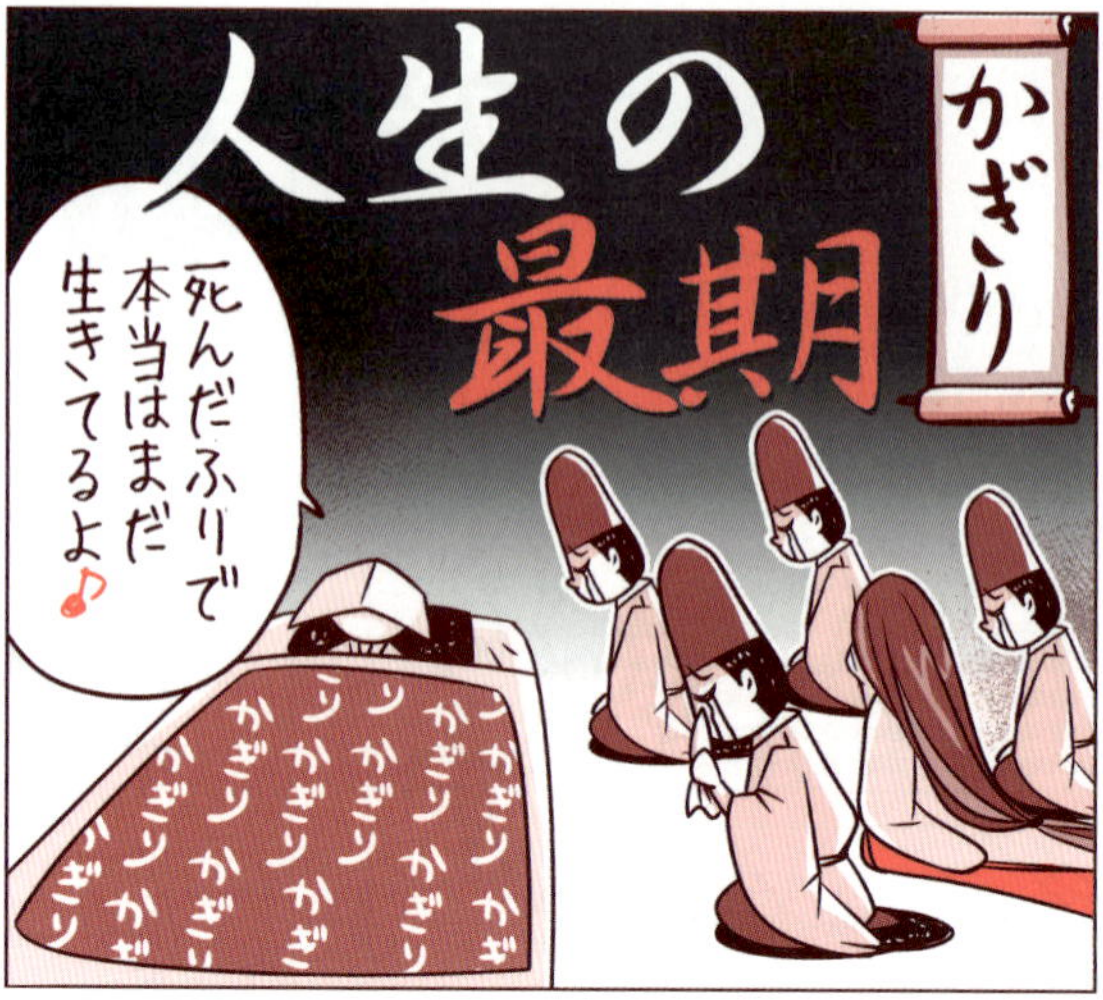
人生の最期
かぎり
死んだふりで本当はまだ生きてるよ♪

□□□

49

かぎり

［限り］

名詞

最後（期）

例文（『源氏物語』）

三条殿、「限り[文]なめり」と、「『さ[70]し[文]もや[文]は』と[文]こそ、かつ[56]は頼[82]みつれ、……」

三条殿《さんじょうどの》は、「（夫との仲は）最後（→おしまい）であるようだ」と、（また）『（まさか）そんなことはあるまい』と、一方では（夫を）頼りにしていた（→信頼していた）のに、……」

関連語

□□ **かぎりなし【限り無し】**：この上ない

になし【二なし】：この上ない

□□□

50 かく

副詞

このように

例文（『宇津保物語』）

ほのかにいふ声、[23]いみじう[148]をかしう[58]聞こゆ。[20]いと思ひまさりて、「まことは、かく[9]あはれなる住まひ、[98]などて[130]し給ふ[文]ぞ。誰《た》が御族《ぞう》[文]にか[130]ものし給ふ」とのたまへば、

かすかに言う（女の）声が、とてもかわいく（→魅力的に）聞こえる。（若小君《わかこぎみ》は）いっそう（女への）思いが強くなって、「本当に、このようにさびしい屋敷に、どうして住んでいらっしゃるのか。（あなたは）体どなたのご家族でいらっしゃるのですか」とおっしゃると、

関連語

□ **かかる**：このような
□ **かかるほどに**：こうしているうちに
□ **かかれば**：このようであるので
□ **かかれど**：こうではあるが
□ **と**：あのように
□ **とかく**：あれこれ
▼ [70]**さ**・[77]**しか**

□□□

51

かげ

［影］

名詞

面かげ

光・姿

例文（『枸鴫暁筆』）

[139]よき人の住みなしたる所は、[22]今めかしうきららかならねど、木立ものふり、わざとならぬ庭の草葉も[96]心あるさまにて、さし入る月の影までも、ひときはしみじみと[9]あはれに、

身分・教養が高い立派な人が（心静かに）住んでいる所は、当世風にきらびやかではないけれども、（庭の）木立がなんとなく（趣深く）古めいていて、特に手を加えたとは見えない庭の草葉も風情のある様子で、さし込んでくる月の光までも、ひときわしみじみと心にしみて感慨深く感じられ、

和歌丸くんかしこし!!
（優れている）
ゆく川の流れは絶えずしてしかももとの水にあらず
by鴨長明

52

かしこし【賢し】

ク　形容

すぐれている

ポイント

私立文系・国公立文系の生徒は関連語の「かしこし【畏し】」の方も覚えておこう。「すぐれている人はおそれおおい」と覚えてもいいかもね。

例文（『源氏物語』）

うちかしこまり給へるさまにて、[19]いと御[61]気色[68]ことなるを、かしこき人の御目には[11]あやしと見奉り給へど、

帝が）かしこまっていらっしゃっている様子で、たいそう態度が違っていらっしゃるのを、すぐれた（↓賢明な）方（＝光源氏）の御目にはおかしいことだと見申し上げなさるが、

関連語

□□かしこし【畏し】：おそれおおい
おほけなし・かたじけなし：おそれおおい

かしづく
現在使っている
かしずく
に
近いぞ！
吾郎パパ

□□□

53

かしづく

四段　動詞

大切に育てる

世話をする

例　文（『落窪物語』）

「[50]かく類《たぐひ》なく思しかしづくこそ[11]あやしけれ。人は、かたへは父母《ちちはは》[147]ゐたちてかしづかるるこそ[85]心にくけれ」と言ふに、

「このように比類なく大切にお思い扱いなさるのが不思議です。女というものは、一方では両親が立ったり座ったり（気づかいを）して大切に育てられるのが奥ゆかしいのです」と言うと、

関連語

□ **いつく**：大切に育てる
□ **ときめく【時めく】**：寵愛をうける・栄える
□ **ときめかす【時めかす】**：寵愛する

□□□

54

かたくな

［頑な］

ナリ　形動

頑固である

ポイント

「伝統の味を今もかたくなに守っている」や上の絵の「かたくなに拒否している」などを連想すると覚えられるよ。

例文（『源氏物語』）

消息[113]たびたび聞こえて、迎へに奉れ給へど、御返り[文]だになし。「かく[50]かたくなしう軽々しの世[文]や」と、ものしうおぼえ[11]給へど、

（大将殿《たいしょうどの》は三条殿《さんじょうどの》に）手紙を何度も（書き）申し上げて、（三条殿に）迎えに（使いの者を）差し向かわせなさるけれども、（三条殿からは）お返事さえもない。「こうも頑固で軽率な女だなあ」と、腹立たしく思われなさるけれども、

□□□
55
かたち
［容貌・形］

名詞

容貌

ポイント

現代使っているのと同じ意味でも使うが、古文では「かたち」が出たらほぼ「容貌」の意味で使われる。

例文（『浜松中納言物語』）

思ひのほかに[97]なつかしう[27]らうたげなりしかたちけはひを、[70]さる[67]心やすきものにて、[79]忍びてかならず見[文]む、と思ひしを、

意外に親しみ深く（→親しみやすく）かわいらしかった（大弐《だいに》の娘の）容貌や有様を（思い出し）、そうした気楽に（通っていける）恋人として、「人目をさけてきっと会おう」、と思っていたのに、

かたみに
互に
漢字 互にと書くと一発！
または「互いにかたみにしよう」と覚えても○《マル》！
バナナともだち
うっき〜

□□□

56

かたみに

［互に］

副詞

互いに

関連語

□ **かつ**：一方で

例文（『源氏物語』）

「今は[50]かくだくだしき人の数々[9]あはれなるを、『かたみに見棄《す》つべきに[文]やは』と[82]頼み聞こえける。[107]はかなき一ふしに、かうはもてなし給ふべく[文]や」と、

「今ではこのようにわずらわしいほどまでに子供たちが大勢できてしみじみと愛おしいので、『お互いに見捨てる（→別れる）ことができようか、いやできない』と（あなたを）信頼申し上げていた。ちょっとした（今回の）一件で、このようにふるまいなさって良いものでしょうか、いや良いわけがない」と、

□□□

57

かづく

［被く］

四段 | 動詞

四段 **かぶる**

（ほうびを）いただく

ポイント

俺は入試の時、「カズ君、かぶってほうびをいただく」と覚えた（笑）。また、センターでは出たことはないが、まれに「潜《かづ》く（＝潜《もぐ》る）」の意味もある。ただこれは水（海・池）に関連するので前後から容易に判断できる。

例文（『うつせ貝』）

[23]いみじう思ひ[117]惑へるさまの[64]心苦しければ、もろともに衣《きぬ》ひきかづき**てうちふしをり。**

たいそう思い悩んでいる様子が気の毒であるので、（男は）一緒に衣服を頭から**かぶって**ふせている。

関連語

□かづく［被く］：下二（ほうびを）与える

□□□

58

きこゆ

［聞こゆ］

下二	動詞

聞こえる・噂される・評判になる・わかる

謙 **申し上げる**

例文（『しら露』）

うちには、[50]かく[142]例ならず人のけはひして、ときどき[常]前駆《さき》の声の**聞こえ**たるを、「都にありし時の心地す[文]や」とうち語らひて、「いかなること[文]ぞ、見て参れ」と**聞こえ**給ふに、

屋敷の中では、このようにいつもとは違う人の気配がして、ときどき先払いの声が**聞こえ**ているので（→てくるので）、「都にいた（→住んでいた）時のような気持ちがするわねえ」と（女房たちが互いに）話し合って、「どうしたことなのか、見てきなさい」と（女君が）**申し上げ**なさると、

関連語

▼
[44]おぼゆ・[123]みゆ

□□□

59

ぐす

［具す］

サ変 | 動詞

連れて行く

そろう

ポイント

「ぐす」の「ぐ」はおでんの具やみそ汁の具などの「具」という漢字を当てる。あることをする時に一緒にいるものと考えるとわかりやすいかも。

例文（『とりかへばや物語』）

その日になりて、渡り給《たま》ふ儀式いと[128]めでたく、中の君も、遅らかし給ふべきならねば、具し[58]聞こえてぞ出《い》で給ふ。

その日になって、（都へ）ご出発なさる儀式はたいそう素晴らしく、次女も、取り残しなさるはず（のこと）ではないので、お連れ申し上げてお出かけなさる。

関連語

▼
147 ゐる

□□□

60

くちを《オ》し

【口惜し】

シク　形容

残念である

例文（『うなゐ松』）

「我は[50]かく、今日明日と[44]おぼゆるを、げにこの世のほかの思ひ出これならん[文]かし。桜は[37]まだしくて見ざら[文]んぞ**口惜しき**。……」

「私はこのように、今日明日（の命だ）と思われるけれども、本当にこの世の他の思い出は（↓あの世へ旅立つ思い出は）これ（↓梅の花）なんでしょうね。桜はまだ早く（↓咲かなくて）（死ぬまでに）見られそうにないのがとても**残念です**。……」

関連語

□ **をし【惜し】**：残念である

□ **あたらし【惜し】**：惜しい

61

けしき ［気色］

名詞

様子

顔色・態度

ポイント

現代の「景色（＝風景）」ではない。本来の「気色《けしき》」は広く自然・人・物事の「様子」を表現する語で、顔の様子なら「顔色」、人の様子なら「態度」の意味になる。

例文（『浜松中納言物語』）

[60]くちをしければ、我が心ののどけさも、あまり[11]あやしきまでおぼし知られて、[15]いかが思へる、と気色《けしき》[97]ゆかしくて、[19]いと[79]忍びて、

（大弐《だいに》の娘を衛門督《えもんのかみ》に取られてしまって）残念なので、自分の心ののんびりとしていたさまも、あまりにも理解できないほどに思い知られなさって、「（娘は自分のことを）どのように思っているのか」、と様子（→気持ち）を知りたくなって、たいそうこっそりと（歌を贈る）、

□□□

62

げに

副詞

なるほど・本当に

例文（『夢の通ひ路物語』）

※御方々《かたがた》[145]思しわづらふも[62]むべに侍《はべ》り。げに痩せ痩せとならせ給ひ、

（男君の）ご両親が思い悩んでいらっしゃるのももっともなことでございます。本当にひどくおやせになり、

※御方々……男君の両親。

関連語

□ **むべ・うべ**：なるほど

□ **けに【異に】**：いっそう・ますます

□□□

63

こころうし

［心憂し］

ク	形容

つらい・いやだ

情けない

こころうし
こんにちは。25番と同じ牛です。心、牛の立場からいうとつらくていやです。
モウ〜
コリジリ…

例文（『夢の通ひ路物語』）

よに心憂く、恐ろしう、人知れず悩[101]ましう思して、いささか御局《つぼね》に下り給へり。

たいそうつらく、恐ろしく、人知れず苦しくお思いになって、（ある時）少しの間（ご自分の）お部屋にお戻りになっていた。

関連語

▼ 25うし・125むつかし

64

こころぐるし［心苦し］

シク　形容

気の毒である・つらい

かわいそう

ポイント

「気の毒である」は相手の状態を見て心が痛むことを表し、「つらい」は自分の心の様子を表す。

例文（『浜松中納言物語』）

らうたく心ぐるしきままに、さのみ後瀬《のりせ》の山をも、何かはおぼしのどめむ。

かわいらしく気の毒であるので、そのようにばかり（→男女の契りを交わさないで）後日逢う機会をのんびり待つことなど、どうしておできになれようか。

※後瀬の山をも、何かはおぼしのどめむ……後日逢う機会をのんびりと待つことなど、どうしておできになれようか。

□□□

65

こころざし

【志・心ざし】

名詞

愛情

気持ち・（お礼の）贈り物

ポイント

「心《こころ》指《ざ》し」で心がある方向を目指して向かっていくという意味で、そこから「愛情」や「気持ち」、さらに感謝の気持ちとして「贈り物」という意味にまで発展した。

例　文（『夢の通ひ路物語』）

[40]おのづから御前がちにて、御こころざしの[49]になきさまになりまさるも、

自然と帝のお側にいることが多くなって、（帝の）ご愛情がこの上なく深くなっていくのも、

66

こころもとなし

ク　形容

気がかりである・じれったい

不安である・待ち遠しい・はっきりしない

例文（『菅笠日記』）

年ごろ[91]ゆかしう[97]思ひわたりし[143]所なりければ、このたびはいかで[16]とく[90]登りてみん[文]と、心もとなかりつるを、

長年行ってみたいとずっと思い続けた所だったので、「今回は何とかして早く登ってみたい」と、じれったく思っていたので、

関連語

▼ 20うしろめたし・42おぼつかなし

□□□

67

こころやすし
【心安し】

ク	形容

親しい

安心である・気楽である

例文（『井関隆子日記』）

[35]おこたり[文]なば、今は心やすう[107]はかなき楽しみをも[130]せ[文]む、と[130]ものせられしかど、

「病気がよくなったならば、今後は気楽にちょっとした（→たわいない）楽しみごとでもしたい」、とおっしゃったけれども、

関連語

□**うしろやすし【後ろ安し】**：安心である
▼[129]**めやすし**・[133]**やすし**

□□□
68
ことに
［殊に］

副詞

格別に・特に

姫華ちゃんのことがことに大好き!!
格別!!
普通の人たち
(影薄丸調べ)

例　文（『恋路ゆかしき大将』）

ありつる[14]御面影ふと思ひ出《い》でらるるも、なつかしき[97]心地すれど、**殊に**見やり奉らぬさまなり。

さきほどの（姫君の）面影がふと思い出されるのも、心ひかれる気持ちがするけれども、（大将は）**特に**（藤壺《ふじつぼ》の女御《にょうご》の方を）見申し上げない様子である。

関連語

□ こと［異］：違う
□ こと［言］：言葉・和歌

□□□

69

ことわりなり

【理なり】

ナリ	形動

当然だ・もっともだ

例文(『しら露』)

男は「[76]さればよ」と、ことわりに見たてまつり給うて、しひてとめ入りひきとどめ[文]んとも[130]し給はず。

男は「やっぱり思った通りだ」と、(女君の態度を)当然だと見申し上げなさって、むりやり中に入ってひきとどめようともなさらない。

関連語

□ **ことわり【理】**:道理
□ **ことわる**:判断する

□□□
70
さ

副詞

そう

例文（『兵部卿物語』）

[20]いと[109]恥づかしく悲しくて、「さもあら[文]ば見つけられ奉りたら[文]ん時、[15]いかがはせん。」

ますますきまりが悪く悲しくて、「もしそうならば（宮に）見つけられ申し上げたような時は、どうしようか。」

関連語

- □ **さる**：そのような・しかるべき・立派な
- □ **さらば**：それならば・それでは
- □ **さるほどに**：そうするうちに
- □ **されば**：そうだから
- □ **さりながら**：そうではあるが
- □ **されど**：けれども・しかし
- □ **さりとて**：そうかといって

▼[50]**かく**・[77]**しか**

□□□

71

さかし

【賢し】

シク｜形容

すぐれている・しっかりしている
利口ぶる

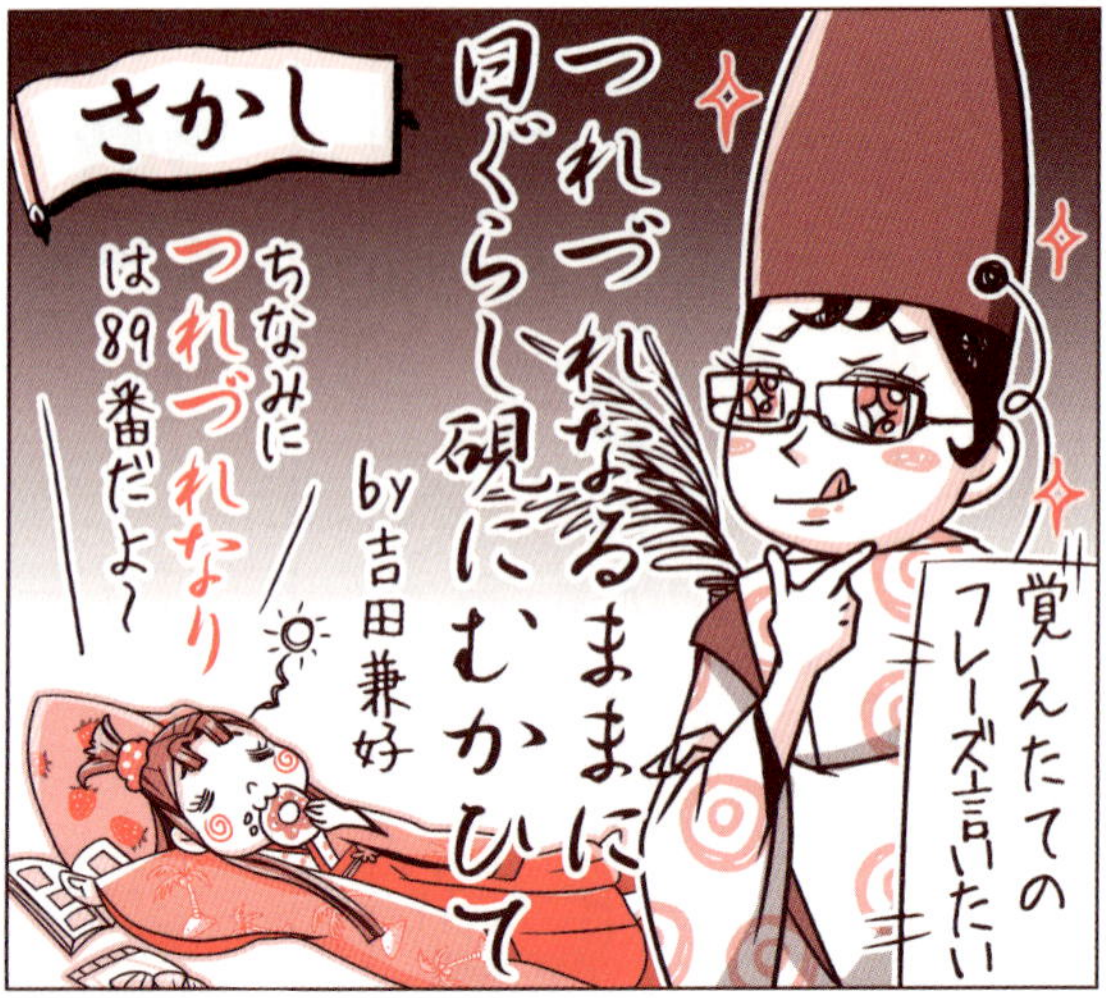
さかし
つれづれなるままに日ぐらし硯にむかひて
by吉田兼好
覚えたてのフレーズ言いたい
ちなみにつれづれなりは89番だよ〜

ポイント

52番の「かしこし」と同じ漢字を当てる。同じ賢明さでも、「かしこし」はその賢明な人に対して尊敬・畏敬の念が含まれるが、「さかし」には含まれない。さかしは現実的な処理能力・判断力を持っている様子をいう。注意したいのは「利口ぶる」の意味で、ほめ言葉が悪口に転化している。「こざかしい」で覚えておこう。

例　文（『源氏物語』）

世の静かならぬことは、かならず政[常]の直くゆがめるにもより侍《はべ》らず。さかしき世に[文]しもなむ、[139]よからぬことどもも侍りける。

世の中が穏やかでないのは、必ずしも政治が正しいとか間違っているとかによるわけではございません。すぐれている（帝の）時代にこそ、（かえって）色々よくないことどももございました。

□□□

72

さすがに

副詞

そうはいってもやはり

例　文（『うつせ貝』）

[131]やうやう雨は晴れぬれど、風は[100]なほ激しきに、さすがに人目も[86]はばかられて、たそかれ時よりぞ出で立ちける。

しだいに雨はあがったが、風はやはり激しい上に、そうはいってもやはり人目も遠慮して（→人目につくのが気になって）、夕暮れ時から出発した。

関連語

□ **さりとも**：いくらなんでも・そうはいってもやはり

□ **さるは**：そうはいってもやはり

□□□

73

さは《ワ》る
［障る］

四段 動詞

さしつかえる・邪魔される

ポイント

「障《さは》る」と漢字を当て、「障害」をイメージしてほしい。ちなみに現代語の「触《さわ》る」は古語では「触《ふ》る」。

例文（『菅笠日記』）

東の方は畝尾《うねを》長く続きて、木立ちも繁《しげ》ければ少し**障り**て、[68]異方《ことかた》のやうにはあらず。

東の方は山の尾根が長く続いていて、木立も繁《しげ》っているので少し**邪魔されて**、他の方角のよう（な眺め）ではない。

関連語

□**さはれ・さばれ**：えい、どうにでもなれ

□□□

74

さらに ― 打消

呼応の副詞

まったく・決して・少しも〜ない

例文（『うつせ貝』）

夜中うち過ぐるころ、もとの渚《なぎさ》に来着きて、[14]ありし舟に移し乗するほど、さらに知る人なし。[132]やがてさし下すに、[19]いと[90]とく過ぎ行くも、うれしく[44]おぼゆ。

夜中を過ぎる頃に、元の波打ち際にたどりついて、以前の舟（→上京の際に乗ってきた舟）に（女を）移して乗せる間、まったく（これを）知る（→見る）人はいない。すぐに（舟を）漕ぎ出すと、たいそう早く進んでいくのも、嬉しく思われる。

関連語

□**おほかた ― 打消**：決して〜ない

▼[81]**すべて ― 打消**・[87]**つゆ ― 打消**

75 さるべき

□□□

連語

そうなるはず（の因縁・運命）

ふさわしい・立派な

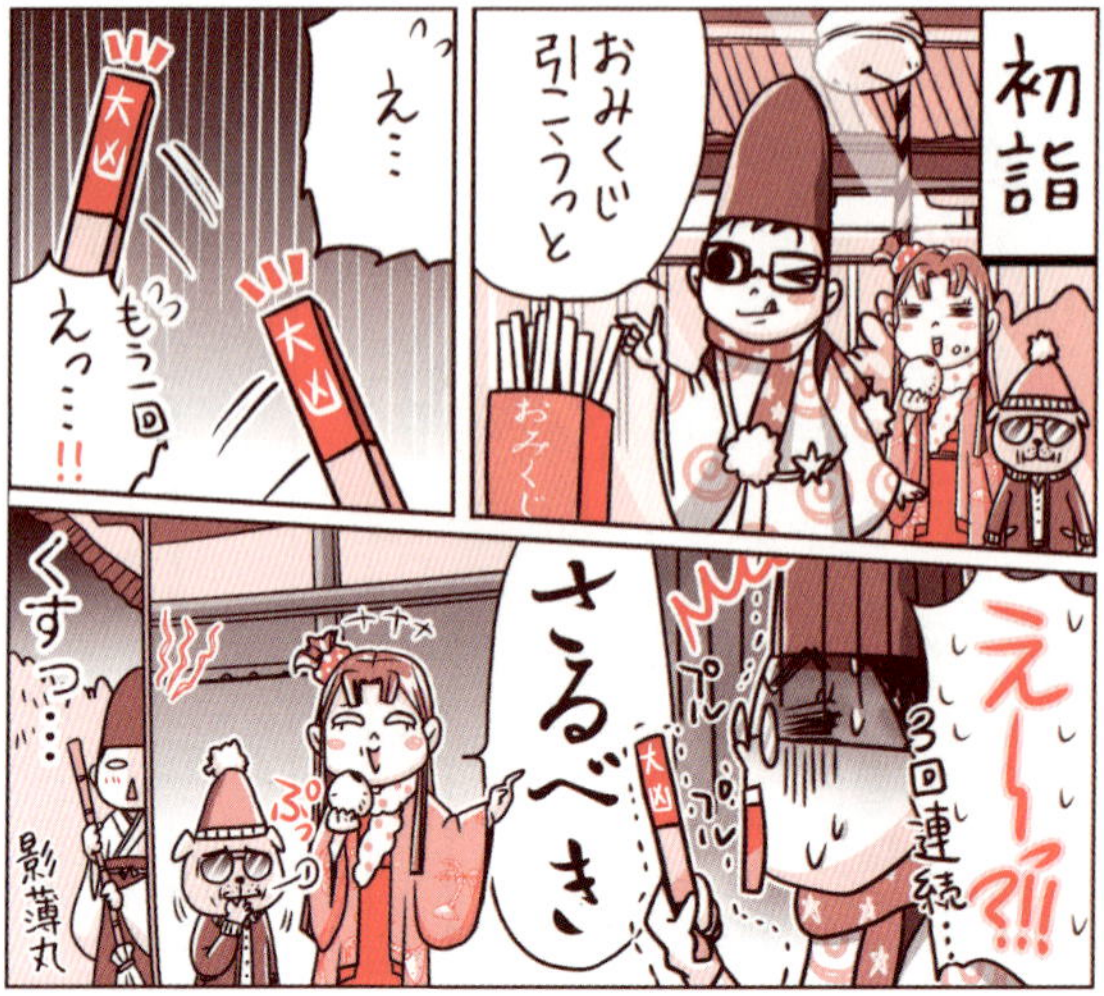

例文（『宇津保物語』）

「今は、[93]なおぼしへだてそ。さるべきにてこそ、[50]かく見奉り初《そ》めぬらめ。見奉ら[文]では、[31]えあるまじう[44]おぼゆれど、……」

「今となっては、お思いへだてなさらないで下さい（→うちとけて接して下さい）。そうなるはずの運命があって、このようにお逢い申し上げ始めることになったのでしょう。（あなたを）見申し上げないでは（→お世話申し上げないでは）、生きていられそうにないほどに思われるのですが、……」

関連語

□ **さりぬべき**：そうなるはず（の因縁・運命）
□ **しかるべき**：そうなるはず（の因縁・運命）
□ **さるべきにやありけむ**：そうなるはずの前世からの因縁（運命）であったのだろうか

□□□
76
されば よ

連語

やっぱり（思った通りだ）

例　文（『うなゐ松』）

「されば よ、心[67]やすくおぼせ。この山の外へは出ださじ。塵灰《ちりはひ》ともなさ[文]で、つねに《常》君だち具[59]して遊ばしつる※挙《きょ》白堂《はくだう》のそこそこに葬《はうむ》るべし。」

「やっぱり思った通りでした、安心なさってください。（お前の体を）この山の外へ出すつもりはない。（火葬にはせず）ちりや灰にもしないで、いつも子供たちを連れて遊ばせていた挙白堂《きょはくどう》のどこそこに葬るつもりだ。」

※挙白堂……京都の東山にあった筆者の別荘。

関連語

□ **されば こそ**：やっぱり（思った通りだ）

□□□

77

しか

副詞

そのように

例文（『落窪物語』）

「[9]あな[146]わりな。[116]大殿《おとど》も、しかと思《おぼ》し立ちて、いそぎ給ふものをば。※御覧ぜよ。[135]やむごとなき人の強ひてのたまは[文]むことをば、[15]いかがはせさせ給はむ。

「ああどうしようもないよ（→ああ困ったことですよ）。（あなた様のお父上の）大将殿も、「そのように（しよう）」と決心なさって、準備をなさっているのに。まぁ、御覧なさいな。（右大臣のような）高貴な方がわざわざおっしゃるようなことを、どうして（断ったりなど）なさることがおできになりましょうか、いやできません。

※大殿……中将の父、大将。

関連語

□□□
- **しからば**：そうであるならば
- **しかるを・しかるに**：それにもかかわらず・ところが
- **しかれども**：そうだけれども

▼70さ・50かく

しな
何もしないでいい身分

□□□

78

しな

[品]

名詞

身分

例文（『三国伝記』）

[75]さりぬべきほどの品ある人は、さやうにかすかなる御ありさまをわかぬまでの御[84]宿世《すくせ》も[13]ありがたし。[70]されば、とて、また、わが御品を[134]やつして、

（大となるに）ふさわしいほどの（高い）身分の男性が、（姫君の）そのような頼りないご境遇に構わず（妻にしてくださるという）ほどの前世からの宿縁はめったにございません。そうかといって、また、自分のご身分を落として、

関連語

□きは［際］：身分

▼[115]ほど

□□□

79

しのぶ

［忍ぶ］

上二・四段　動詞

人目をさける・こっそり
我慢する

しのぶ君！
人目をさけてこっそり来たのですか？
う・・・うん。
ハッ！
言うのを我慢していますが俺はしのぶではありません・・・
影薄丸です

例文（『五葉』）

[88] **つれなくしのびてまかで給へり。**[132] **やがてその夜忍びて出《い》で給ふ。**

平然と（→平静を装って）こっそり退出なさった。（そして）そのままその夜人目をさけて（→人目につかないようにこっそり）（都を）出発なさる。

関連語

□ **しのぶ【偲ぶ】**：なつかしく思う・思い慕う
□ **ねんず【念ず】**：我慢する・祈る
※「祈る」は現代と同じ意味

□□□

80

しるし

【験】

名詞

ききめ・効験《こうけん》・ご利益《りやく》

例文（『狭衣物語』）

「[70]さらばぞ誰《たれ》も子は[116]まうけむ。まことにしるしあることならば、痛うとも[79]念じてあらむ」などのたまへば、

「そうしたら（その女房は）誰でも（私の）子を生むだろうよ。本当に（粥杖《かゆづえ》の）ききめがあることであるならば→あるならば）、（私は）痛くても我慢しよう」などとおっしゃるので、

※さらばぞ誰も子はまうけむ……狭衣《さごろも》大将を粥杖《かゆづえ》で打った女房は、誰でも大将の子を生むだろうという冗談。

関連語

□しるし【著し】：はっきりしている

□さやか（なり）：はっきりしている

非の打ちどころが全くない!!
すべて―打消
キラリーン
古文
100点

□□□

81

すべて ― 打消

呼応の副詞

まったく・決して〜ない

ポイント

漢字を当てれば「総《すべ》て」で「全部合わせて・総じて・大体」などの意味があるが、重要なのは下に打消の語を伴う全部否定の方。

例文（『松浦宮物語』）

世の博士・道々の人の集まり、才《ざえ》[113]をこころみ、いとどしう[20]いどみならはすに、この少将すべていたらぬ所なく[52]かしこければ、

世の有名な学者やいろいろな道の専門家が集まって、漢学の知識を試し、厳しく学識を競わせたところ、この少将はまったく至らない所がなくすぐれていたので、

□□□

82

たのむ

［頼む］

四段・下二 動詞

四段 頼りにする・期待する

下二 あてにさせる・期待させる

ポイント

四段の意味は「頼んだよ、頼りにしてるよ、期待してるよ」と覚えればなんとなく覚えられると思う。問題は下二。下二の意味は立場が逆転して、相手に頼みに思わせる使役（〜させる）的な意味になることに注意。

例文（『三国伝記』）

「恋の歌を詠み出したらば[文]、げに[62]志[65]ありと思ひて深く**たのむ**べし」と言はせたり。

「恋の歌を詠み出したならば、本当に（私を思う）気持ちがあると判断して深く（あなたを）**頼りにし**ましょう」と（乳母《めのと》に）言わせた。

□□□

83

たより

［便り・頼り］

名詞

機会・ついで

よりどころ・縁

ポイント

「頼みとする」という意味の動詞「頼る」の連用形が名詞化したもので「よりどころ」の意味が本来だが、センターで出た文章では「機会・ついで」の方がよく出る。私立文系・国公立文系の生徒は「よりどころ」の意味もおさえておこう。

例文（『太平記』）

玉垂れの112隙《ひま》求むる風のたよりもありぬべし。

すだれの隙間を探す風のように（その女性と会う）機会もきっとあるだろう。

へい、おまち！！
ヒラメ二貫！
それは「ちぎり」じゃなくて「にぎり」…
でもまぁ、ヒラメ君は私に食べられる運命に決まっていたからおいしくいただくわ。
ブッ…

□□□

84

ちぎり

【契り】

名詞

前世からの因縁（運命・宿縁）

例文（『夢の通ひ路物語』）

見奉るも[21]いとほしう、「いかなりし世の御契り[文]にや」と、思ひ嘆くめり。

見申し上げるのも（↓拝見するのも）気の毒で、「（お二人は）どのような前世からの因縁でおありだったのでしょうか」と、思い嘆くようだ。

関連語

□ **宿世**：前世からの因縁（運命・宿縁）

□ **ちぎる【契る】**：約束する

□□□

85

つきづきし

【付き付きし】

シク　形容

似つかわしい

つきづきし
今日は教え子が遊びに来る
吾郎
ソワ
ソワ
welcome
GORO
家を見られるのはちょっと恥ずかし
吾郎さ～ん
わ～っ
ぴったりフィット
しているね♡
やっぱ吾郎さんは犬小屋が似合うねえ
犬だし。
が～ん…

例　文（『榻鴫暁筆』）

人の家居《いへゐ》は仮の宿りとはいひながら、つきづきしく[24]いやしからぬこそ[85]あらまほしけれ。

人の住居は（この世に生きている間の）仮の宿とはいうけれども、（住む人に）似つかわしく下品でないのが望ましい。

関連語

□ **こころにくし**：奥ゆかしい

□ **あらまほし**：理想的である・望ましい

□□□

86

つつまし

【慎まし】

シク　形容

遠慮される・気がひける

つつまし
姫華ちゃん家
長い間会っていないからノックするのも気がひけるなぁ…
ササササッ…

例　文（『源氏物語』）

[108]はしたなくも思しぬべきことなれば、若き御心地につつましくて、ふともえ[31]うち出で聞こえ給はぬほどは、ただおほかたのことどもを、常より[68]ことに[97]なつかしう聞こえさせ給ふ。

（源氏が）きまり悪くお思いになるに違いないことであるので、若いお心には気がひけて、（帝は）急に口に出して申し上げることができないでいらっしゃる（その）間、ただ世間一般の話を、いつもより特に親しみ深く申し上げなさる。

関連語

□**つつむ【慎む】**：遠慮する

□**はばかる【憚る】**：遠慮する

□□□

87

つゆ —— 打消

呼応の副詞

まったく・少しも〜ない

例文（『菅笠日記』）

年古《ふ》りたる木などは[150]をさをさ見えず。峰はうち晴れて、つゆ[73]障《さは》る所もなく、いづ方もいづ方も[19]いと[139]よく見わたさるる中に、

年を経た古木などはほとんど見えない。峰はすっかり晴れて、少しも邪魔されるものもなく、どこもかしこもたいそうよく見渡される中に、

関連語

□ つやつや —— 打消：まったく〜ない

▼ [74]さらに —— 打消・[81]すべて —— 打消

私がつらくなるほど
あなたは薄情な
犬です。
わう…
そこまで
言われると
つらいなぁ…

88

つらし

ク 形容

薄情である

例 文（『しら露』）

女君、[91]年ごろつらしと思しこめたる御心に、対面せ[文]んとも思されず、奥の方に隠れ給ひぬ。

女君は、長年（男君のことを）「薄情だ」と思い込みなさったお心のゆえ、「対面しよう」ともお思いにならず、奥の方にお隠れになった。

関連語

□ **つれなし**：平然としている・冷淡だ・薄情だ

□□□

89

つれづれなり

【徒然なり】

ナリ	形動

退屈である・さびしい

例文（『源氏物語』）

これも[19]いと心細き住まひのつれづれなれど、住みつきたる人々は、もの[30]清げに[148]をかしうしなして、垣ほに植ゑたる撫子《なでしこ》も[46]おもしろく、[常]女郎花《をみなへし》、[常]桔梗《ききやう》など咲きはじめたるに、

ここ（＝尼君の家）もたいそう心細い住まいでさびしい所であるけれども、住みついている人々は、こざっぱりと風情のある暮らしをしていて、垣根に植えた撫子《なでしこ》（→秋の七草）も趣深く（→風情があり）、女郎花《おみなえし》や桔梗《ききょう》（→これらも秋の七草）などが咲き始めているところに、

関連語

□ **いたづらなり【徒らなり】**：無駄である・むなしい

90

とく［疾く］
とう［疾う］

副詞

はやく

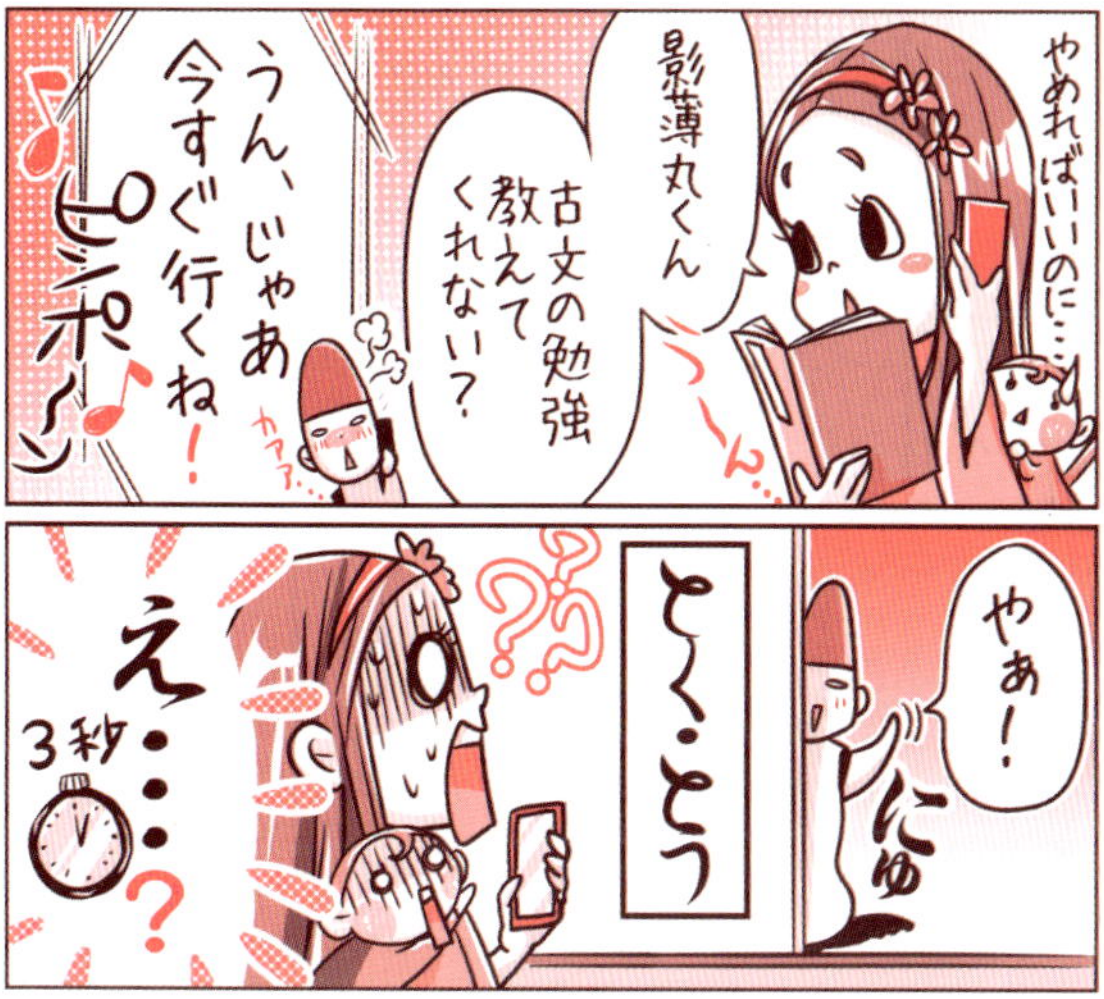

例　文（『恋路ゆかしき大将』）

暁方になるままに、おびたたしう吹きまさりたる風の紛れに、いと疾《と》う内裏《うち》へ参り給《たま》ひぬ。

夜明け前ごろになるにつれて、ますます激しく吹いている風に紛れるようにして、（恋路大将《こいじたいしょう》は）たいそう（朝）早くに宮中に参内なさった。

関連語

□いつしか：はやく・いつのまにか

▼やがて

□□□

91

としごろ

【年頃・年来・年比】

名詞

長年

数年来

ポイント

「ごろ（＝ころ）」の上に「年」や「日」がつくと、「ごろ」は長い時間の経過を指す。センターでは出たことはないが、「月ごろ」は「数ヶ月（の間）・何ヶ月も」。

例文（『源氏物語』）

ふさはしからぬ御心の筋とは年ごろ見知りたれど、さるべき[75][文]にや、

（私には）ふさわしくないご性格だとは長年見ていてわかっていたが、そうなるはずの（→夫婦となるはずの）前世からの因縁だったのでしょうか、

関連語

□ **ひごろ【日頃】**：数日（の間）・ふだん

とぶらふ
お千代お姉ちゃん お見舞いに来てくれてありがとう!
和歌丸からノート預かってるよー
うっきー
古文
薬

□□□
92
とぶらふ《ウ》
［訪ふ］

四段	動詞

訪問する・見舞う

例文（『源氏物語』）

弟の禅師の君、僧都の御もとに[130]ものし給ひける、山籠《ごも》り[130]したるをとぶらひ**に　はらからの君たち常に登りけり。横川に通ふ道の[83]たよりによせて、中将、ここにおはしたり。**

（中将の）弟の禅師《ぜんじ》の君が、（横川《よかわ》の）僧都《そうず》のおそばで修行していらっしゃって、山にこもっているのを見舞うために、（中将をはじめとして）兄弟の君たちが頻繁に登っていった。横川に通う道中のついでにかこつけて、中将は　ここ（→尼君の住まい）にいらっしゃった。

関連語

□ **おとなふ［訪なふ］・とふ［訪ふ］**：訪問する
□ **やすらふ［休らふ］**：立ち止まる・ためらう

□□□

93

な ― そ

呼応の副詞

～するな

例　文（『五葉』）

「[19]いと[137]忌々《いみいみ》しう。[70]さまでなおぼしそ。世にたぐひなきことに[文]しもあらず。[23]いみじう思ひて、同じ道にと[84]契りつる人も、しばし[文]こそあれ、……」

「たいそう忌み嫌うことですよ（↓本当に縁起でもない）。そんなにまで思いつめなさってはいけません。（愛する人に先立たれるのは）世間に例のないことではありません。たいそう思って（↓心の底から愛して）、同じ道に（行こう）と約束した人（↓死んでからも一緒だと誓い合った人）も、しばらくの間は（悲しいだろう）が、……」

関連語

□ ―な：～するな

吾郎さんどこに行ったんだろう…
うーん…なかなか帰ってこないなあ。
あくがり中
by 4番
うろうろ…

□□□

94 なかなか

副詞

かえって

ポイント

本来であればプラスなはずなのに、なかなか（＝かえって）それがマイナスになってしまうという風に使われることが多いです。

例文（『夢の通ひ路物語』）

御消息[113]取《と》う出《で》たれど、なかなか心憂[63]く、そら恐ろしきに、

（男君の）お手紙を取り出したけれども、（女君は）かえってつらく、なんとなく恐ろしいので、

□□□

95

ながむ

［眺む］

下二	動詞

ぼんやりともの思いにふける

ながむ［詠む］：和歌を詠む

ポイント

「長目《ながめ》」が動詞化したものといわれている。何かを長く、じっと見つめるイメージから「ぼんやりともの思いにふける」意味が生まれる。和歌では「眺め」と「長雨《ながめ》」の掛詞としてよく用いられる。「詠む」の方の意味もおさえておくべき。

例　文（『三国伝記』）

日数もすでに満ち[文]なむと[130]す。いささかの[80]験《しるし》もなくてや空《むな》しく下向せむずらむと、心細く[44]おぼえてながめ暮らしけるに、

日数もまさに（百日に）満ちようとしている。（しかし）「少しの効験《こうけん》もないまま無駄に帰るのだろうか」と、心細く思われてぼんやりともの思いにふけって過ごしていたところ、

□□□

96

なさけ

［情け］

名詞

風流心・風情・思いやり

例文（『源氏物語』）

白き単衣《ひとへ》[文]の、[19]いと情けなくあざやぎたるに、袴《はかま》も檜皮色《ひはだいろ》にならひたる[文]にや、光も見えず黒きを着せたてまつりたれば、

白い着物で、たいそう風情もなくごわごわしている（↓しなやかさの欠ける）着物（の上）に、袴《はかま》も黒っぽい赤紫色を着る習慣になっているのであろうか、つやもなく黒ずんだものを着せ申し上げているので、

関連語

□ **こころあり［心有り］**：風流心がある・情趣を解する
□ **なさけあり［情け有り］**：風流心がある・情趣を解する
□ **すく［好く］**：風流がる・色好みである
□ **すき［好き・数寄］**：風流・色好み
□ **すきずきし［好き好きし］**：風流である・色好みである

※**すく・すき・すきずきし**は3つまとめて「風流・色好み」の意味で覚えておこう

和歌丸くん古文教えて～
親しみ深いお兄ちゃん♡
こ～ういうシーンは心ひかれる
ぐぐ……
和歌丸め……
なつかし

□□□

97

なつかし

【懐かし】

シク	形容

心ひかれる・親しみ深い

例文（『しら露』）

「[100]なほ[50]かく絶えざりける[84]宿世《すくせ》のほどに、よろづのことを思し[79]念ずべく、聞こえ知らせたてまつら[文]なん」と、なつかしく聞こえ給へば、

やはりこのように途切れなかった前世からの因縁の深さに、様々なことを我慢して（私を許して）くださるように、説得申し上げてほしい」と、親しみ深く申し上げなさるので、

関連語

□ **ゆかし**：見たい・聞きたい・知りたい・心ひかれる

□□□
98
など
などて
などか

副詞

疑 反 どうして

どうして・・・・
成績が
あがらないの？
古文
どうして・・・・
姫華ちゃんは
ふり向いて
くれないの？
ポリッ
など・などて・などか

例　文（『しら露』）

尼君なども立ち出でて、「喜ばしきこととうけたまはりつるに、などて[70]さやりに[92]やすらはせ給ふ。心よく対面せさせ給へ」

尼君などもやってきて、「喜ばしいことだとお受けいたしましたのに、どうしてそんなにためらっていらっしゃるのですか。快く対面しなさいませ」

※尼君……女君の亡き乳母の母。

関連語

□なぞ【何ぞ】：どうして

□なでふ・なんでふ【何でふ】：どうして・何と言う

□□□
99
なべて

副詞

一般に
並一通り

例文(『五葉』)

[64]心苦しう見たてまつらせ給ひて、宮、
尋ねても[98]などつまざらんなべて世の
[25]うきを忘るる草葉ばかりは

(宮は)気の毒に見申し上げなさって(→拝見なさって)、宮は(次の歌を詠む)、

(亡き人を忘れようとして住吉の岸を)訪ねていってどうして忘れ草を摘もうとしないのですか。一般にこの世のつらさを忘れさせてくれる忘れ草だけは(お摘みになればよいのに)。

関連語

□**なのめならず**：並一通りではない・普通ではない
□**なべてならず**：並一通りではない・普通ではない
□**おぼろけならず**：並一通りではない・普通ではない
□**おろかならず**：並一通りではない・普通ではない
□**ただならず**：並一通りではない・普通ではない・懐妊している
▼[45]**おぼろけなり**

□□□

100

なほ《オ》

副詞

やはり

さらに・もっと

ポイント

現代では「ここをこうしてくれればなおいいね」のように「さらに・もっと」の意味で使うことが多いが、古文では「やはり」の意味が一番出る。現代でも使っている「それでもなお、やはり〜」という表現や上のイラストを参考に覚えてしまおう。

例文（『夢の通ひ路物語』）

[91]日頃[76]いぶかしう、恐ろしう思ひ給へられしに、なほ[79]忍びはて給はぬ[文]にや、

ここ数日は気がかりで、恐ろしく思われましたが、やはり（男君は）我慢しきれないでいらっしゃったのでしょうか、

□□□

101

なやむ

【悩む】

四段｜動詞

病気になる

例文（『夢の通ひ路物語』）

まことに、うち悩み給ふこと、日数へて[146]言ふ甲斐《かひ》なく、見奉るも[64]心苦しう。

本当に、（男君が）ご病気でいらっしゃることは、日を経てどうしようもない（ほどひどく）、見申し上げるのも（→拝見するのも）気の毒で（ございます）。

関連語

□ **なやまし【悩まし】**：病気などで気分が悪い・苦しい

▼ [35]**おこたる**

単なる
にわか雨だけどね…
フッ…
突然の雨が
俺の心を濡らす
カラン

□□□
102
には《ワ》かに

ナリ 形動

急に・突然に

例文（うつせ貝）

「今[文]しもにはかに[50]かかるさまなるをいかに[17]せむ」と思ひ惑[117]はれて、いみ[23]じうかなしきに、神仏を念[79]じつつ、つと抱き持ちて、湯など飲ませぬるに、

「（よりによって）今突然にこのような（→気を失っている）様子であるのをどうしたらよいだろうか」と思い乱れ、たいそう悲しいので、神仏に祈りながら、じっと抱きかかえて、湯などを飲ませたところ、

関連語

□ **とみに**：急に・突然に
□ **うちつけ・ゆくりなし**：突然である

私はなんてにほひのある女なんでしょう……
べろ〜ん
お肌つるつる〜

□□□

103

にほ《オ》ひ《イ》

名詞

つやのある美しさ

例文（『恋路ゆかしき大将』）

まみ・額・髪《かん》ざし、※かの雪の[2]朝《あした》の御面影なる[文]ものから、[100]なほ[61]けしき[68]異《こと》にて気高う、匂《にほ》ひも光も類《たぐひ》なき御さまは、姫宮にこそはおはしますめれ。

目もとや額や髪の生え具合は、あの雪の朝に（見た藤壺《ふじつぼ》の女御の）お顔かたち（そのまま）ではあるものの、やはり（どこか）様子（→雰囲気）は違うところもあって気高く、美しさも輝きも並ぶ者がないご様子（を持っていらっしゃるの）は、姫君でいらっしゃるようだ。

※かの雪の朝の御面影……昨年の冬、帝《みかど》は藤壺女御の姿を恋路大将が見るようにしむけたことがあった。

関連語

□ **にほふ**：動 つややかに美しい・照り映える

熱心に勉強中
「懇」って「懇談会」の「懇」か！
めき
めき
わらぃ…
古文
現代でも「ねんごろ」っていうなぁ〜

□□□

104

ねむ《ン》ごろ

［懇ろ］

ナリ　形動

熱心である

丁寧である・親しい

例文（『三国伝記』）

人ゆゑ惜しき命の末、[15]いかがはせむと思ひつつ、※初瀬の寺に百日籠《こも》りて、ねんごろに祈請《きしやう》申しけり。

人を（愛したが）ために惜しい残りの命を、「どうしたらよいだろうか」と思いながら、長谷寺に百日こもって、熱心にお祈り申し上げた。

※初瀬の寺……長谷寺のこと。

関連語

□ **むつまし［睦まし］**：親しい
↔
□ **うとし［疎し］**：親しくない・愛情が薄い
□ **うとまし［疎まし］**：いやだ・気味が悪い

□□□

105

ののしる

四段 動詞

大声で言い騒ぐ

噂（評判）になる

例文（『栄花物語』）

「[81]すべてすべて[74]さらにさらに承らじ。」と、過ぎにたる事を**ののしら**せ給ふも、[72]さすがに[148]をかしくおぼさる。

「まったくまったく決して決して承知しまい（↓断じて承知できない）」と、終わったことなのに**大声で言い騒ぎ**なさるのも、（頼通公《よりみちこう》は）そうはいってもやはりおもしろい（↓こっけいだ）とお思いになる。

関連語

□ **らうがはし［乱がはし］**：さわがしい

□ **なめし［無礼し］**：無礼である

□□□

106

はかなくなる

連語

死ぬ

例文（『太平記』）

御心さらに慰まず。昔、漢の※1李《り》夫人、甘泉殿の病の床にふしてはかなくなり給ひしを、武帝悲しみにたへかねて、

お心はまったく慰められない。昔、漢の（武帝《ぶてい》が寵愛した妃の）李《り》夫人が、甘泉殿《かんせんでん》で病の床にふしてお亡くなりになったのを、武帝は悲しみにたえかねて、

※1 李夫人……前漢の武帝が寵愛した妃。
※2 甘泉殿……秦《しん》の宮殿であったものを武帝が整備して離宮としたもの。

関連語

□ **うす【失す】**：死ぬ
□ **かくる【隠る】**：隠れる・亡くなる
□ **みまかる【身罷る】**：この世から去る・死ぬ
□ **あさましくなる**：死ぬ
□ **いたづらになる**：死ぬ
□ **むなしくなる**：死ぬ

□□□

107 はかなし

ク｜形容

頼りない むなしい・ちょっとした

例　文（『うなゐ松』）

言の葉ごとに偲[79]ばるべきふしをとどめ、はかなき筆のすさみにも、あ[9]はれなることをのみ書きおけるは、長き世の形見にも見よとなるべし。

（口にする一つひとつの）言葉ごとに（死後に）なつかしく思い出されそうな（言葉の）はしばしを（私たちの記憶に留めておくかのように）言い残し、ちょっとした筆のたわぶれ書きにも、しみじみするようなことばかり書き残しているのは、「（自分の死後）長い間の形見として見てほしい」ということなのであろう。

関連語

□ **はかばかし**：はっきりしている・しっかりしている

□□□

108

はしたなし

［端なし］

ク	形容

中途半端である・きまりが悪い

どっちを先に食べようか悩むなぁ～
あわあわ
GORO
GORO
はしたなし
きまりが悪い
シーンを見てしまったなぁ…

ポイント

「はした」は「端《はした》」という漢字を当て、「どっちつかずで中途半端だ」という意味。「なし」は打消（「無し」）ではなく、「はなはだ～だ」という程度・状態を表す意味で形容詞をつくる接尾語。

例　文（源氏物語）

「[18]いざ、給へ[文]かし。見奉りに[50]かく参り来ることも**はしたなけれ**ば、常にも参り来じ。かしこにも人々の[27]らうたきを、同じ所にて[文]だに見奉ら[文]ん」と聞こえ給ふ。

「さあ（こちらに）おいでなさいな。（あなたに）お会いするためにこのように（しょっちゅうこのお家に）参上するのも**きまりが悪い**ので、そういつもは参上できないでしょう。あちらの子供たちも可愛いので、せめて同じ場所で見申し上げよう（→お世話しよう）」と申し上げなさる。

□□□

109

はづかし

［恥づかし］

シク｜形容

（こちらが恥ずかしくなるほど相手が）立派だ・きまりが悪い

ポイント

現代使っている「恥ずかしい」を少し意訳して「きまりが悪い」の意味でも使うが、古文で重要なのは相手に対する評価を表す「立派だ」の意味。

例文（『落窪物語』）

「[15]いかが思すべき。今より[50]かかることのたまふ[93]な。君の思したること[19]いと恥づかしく[21]いとほし」と言ふ。

「どんなに（つらく）お思いのことでしょうか。今後はこのようなことはおっしゃいますな。中将様が（女君を）愛していらっしゃることはたいそう（こちらが恥ずかしくなるほど）立派で気の毒なほどです」と言う。

□□□

110

ひがごと ひがこと

【僻事】

名詞

間違ったこと

例文（『歌の大むね』）

まだ至らぬ僻事《ひがこと》なり。さては、「[88]つれなく見えし」と言ひ、「[2]暁ばかり[25]うきものはなし」と言へる、何のかひかある。

まだ考えが浅い間違ったことである。それでは（→そんな解釈では）、「冷淡に（→冷ややかにそっけなく）見えた」と言い、「夜明け前ほどつらく（→恨めしく）感じるものはない」と言っている（ことに）、どんな効果があるというのか。

関連語

□ **そらごと【虚言】**：うそ・いつわり

□□□

111

ひとわろし【人悪し】

ク　形容

みっともない

例文（『しら露』）

「また人わろくてさそらは[文]んより」と、人の御心の[82]頼みがたげなるを、[145]思しわづらふさまなれば、

「また（男君に見捨てられて）みっともなくさすらうようなことになるよりは（男君に会わずにこうしていよう）」と、男君のお心が頼りになりそうにないのを、思い悩んでいらっしゃる様子であるので、

関連語

□ **かたはらいたし【傍ら痛し】**
：（傍で見ていて）気の毒である・みっともない
（傍で見られて）きまり悪い

□□□
112
ひま
【隙】

名詞

隙間《すきま》

覚えなさい…
現代では時間的なことに
使うけど〜
もともとは
時間的にも空間的にも
物と物の間の
隙間をいうの…♥
隙あり！
ひま

例文（『[illegible]』）

女も少し頭もたげたり。朝日影[51]のはなやかにさし出でたる、苫《とま》のひまひまもはしたなき[108]心地するに、

女も少し（元気になって）頭を持ち上げている。朝日の光が明るく差し出したので、（舟の屋形《やかた》を覆う）苫ぶきの粗末な屋根の隙間隙間（から差し込んで我が身が見えるの）もきまりが悪い気持ちがするので、

関連語

□ **ところせし【所狭し】**：窮屈である

113

ふみ

［文・書］

名詞

手紙・漢詩文

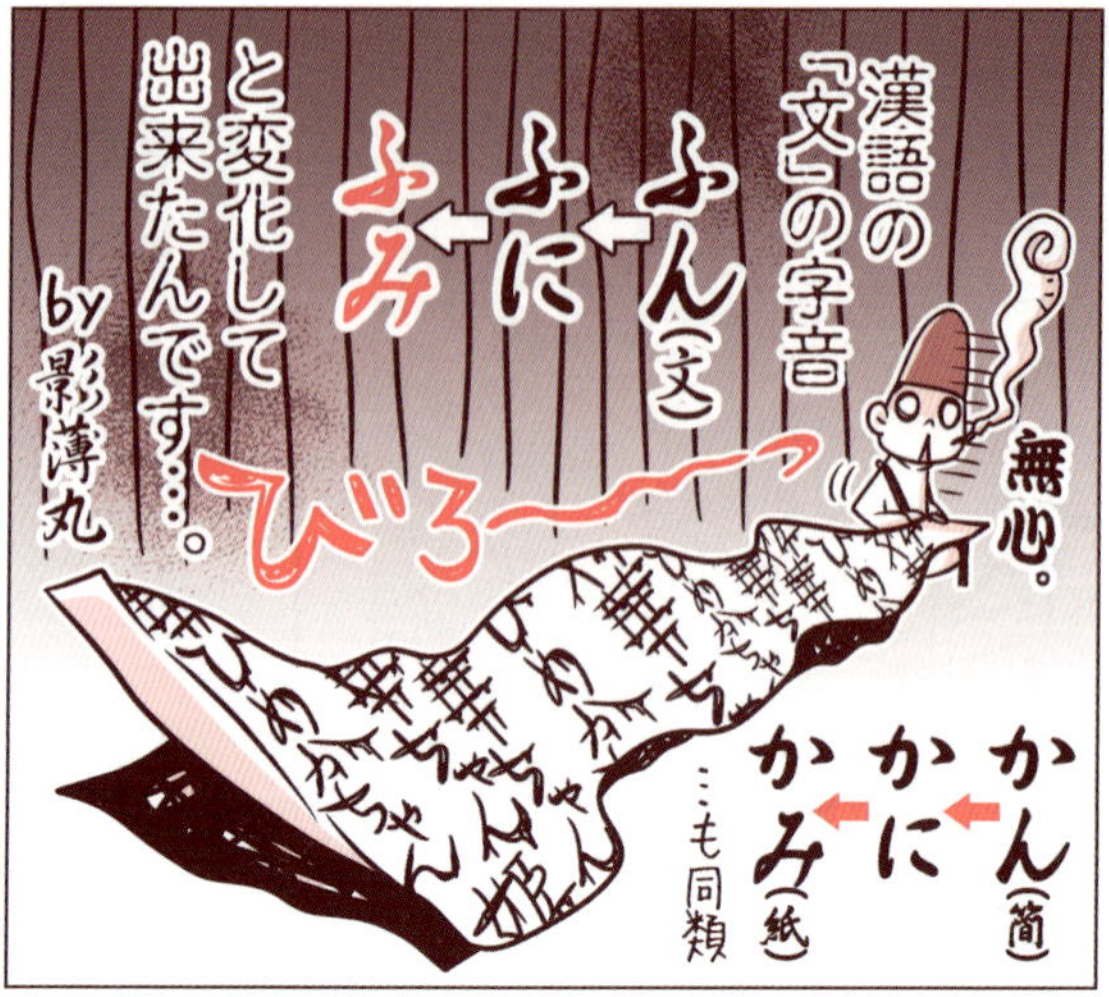

無心。
漢語の「文」の字音
ふん(文)
ふに
ふみ
と変化して出来たんです…。
by影薄丸
びろ〜〜〜
かん(簡)
かに
かみ(紙)
…も同類

例　文（『松陰中納言物語』）

つ[2]とめて、御文[34]やらせ給《たま》は[文]んも、せ[130]
[文]ん方のおはしまさねば、いと[19]心[66]も
となくて過ぐし給ひけるに、

（右衛門督《うえもんのかみ》は女君と一夜を過ごした）翌朝、（女君に）お手紙（これを後朝《きぬぎぬ》の文〔→161ページ〕という）をお送りになるようなのも（→なろうにも）、するような方法がありでないので、たいそう不安で時を過ごしていらっしゃったが（→その手立てがおありでないので、たいそう気をもんで時を過ごしていらっしゃったが）、

関連語

□ **せうそこ・しょうそく［消息］**：手紙
□ **て［手］**：筆跡
□ **ざえ［才］**：（和歌・漢学・音楽の）学識

おさるの出家
珍しいなぁ…
これがちーたんのほいです。
うき!

□□□

114

ほい

【本意】

名詞

本来の意志（志）
かねてからの願い

例文（『うつせ貝』）

男は、年[91]ごろの本意《ほい》かなひて、雨の名残のいと[19]悪《あ》[139]しき道をたどり行く苦しさもかつ[56]は忘れつつ、ただ急ぎに急ぎて、

男は、長年のかねてからの願いがかなって、雨が降ったあとの（ぬかるんだ）とても悪い道をやっとのことで行く苦しさも一方では忘れながら、ただどんどん急いで、

関連語

□ 対 **ほいなし【本意無し】**：残念である

□□□
115

ほど
【程】

名詞

身分

ころ・広さ・あたり・様子

例　文（『榻鴫暁筆』）

ただ、人はそのほどに従ひて、過分ならずさし出《い》でず、また、つたなく[24]いやしからぬ、[139]よし。

ただ（もう）、人はその身分に応じて、分を越えず出すぎることなく、また、見苦しくなく下品でないのが、よい（のである）。

関連語

□ 対 **ほどなし【程無し】**：間がない・狭い

□□□

116

まうく【設く】

下二 動詞

準備する・用意する
手に入れる

例文（『今鏡』）

128 **左右《さう》なきことにて、御車、供の人などは徒歩《かち》にて、門の外にまうけたりければ、59 具して出で給ひけり。**

ためらわないことで、従者《じゅうしゃ》（家来）などは徒歩で（お供することにして）、御車は門の外に用意したので、（成通《なりみち》は女房と）連れてお出になられた。

関連語

□ **いそぐ【急ぐ】**：準備する

□□□

117

まどふ《ウ》

［惑ふ］

四段 動詞

迷う
悩む

例文（『松陰中納言物語』）

内の方に、別れつる今朝は心のまどふ[文]とも今宵と言ひし[68]ことを忘る[93]な[60]惜しくは思せど、人[文]もこそ見めとて、掻い消《け》ち給へり。

内側に（書かれてあった歌は）、（私と）別れた今朝は心が迷っていた（→乱れていた）としても、今晩（訪れる）と言った私の言葉を忘れないで（待っていて）ください。（女君は）残念だとはお思いになるけれども、「人が見たら大変だ（→人が見るといけない）」とお思いになって、（書いてある歌を）かき消しなさった。

関連語

□ **動詞＋まどふ**：ひどく～する

□□□

118

まねぶ【学ぶ】

四段 | 動詞

まねをする

例文（『[illegible]本紀』）

宮は、さもあるべしと思し召して、常殿《てん》上人《じやうびと》のまねびをして、宮の中を79忍び出でさせ給ひしかば、常磐、御供申しけり。

宮は、「そうするのがよさそうだ」とお思いになって、殿上人《てんじょうびと》のまねをして（↓殿上人を装って）、自邸をこっそりとお出になったので、常磐《ときわ》（＝宮の家来）が、お供申し上げた。

関連語

□ものがたり【物語】：世間話・雑談

119

まぼる【(目)守る】

四段 | 動詞

じっと見つめる

例文（『恋路ゆかしき大将』）

幾千代まぼる[文]とも[1]飽く世あるまじきに、[37]おとなしき人参りて引き直しつれば、[60]口惜しうて歩み過ぎ給ふ。

何千年（姫君を）じっと見つめていたとしても（これで）満足する（→十分見たと思える）時はありそうにないが、（そこへ）大人びている（→年配の）女房が参上して（御《み》簾《す》（→163ページ）を）元のように引きおろしてしまったので、（大将は）残念に思いながら歩いて通り過ぎなさる。

関連語

□ **まもる【(目)守る】**：じっと見つめる

□□□

120

まめ［形動ナリ］
まめまめし［形容シク］
まめやかなり［形動ナリ］

誠実である・まじめである

実用的である

例文（『恋路ゆかしき大将』）

「いかにうつくし[27]からん」と笑ひ聞こえ給へば、げに[62]と思《おぼ》したるさまにて、まめだち給へる御まみのわたり、見る我もうち笑まれて、

「どんなに可愛いでしょう」と笑い申し上げなさると、（姫君は）「なるほど」とお思いになっている様子で、まじめに顔をなさっている（姫君の）お目もとのあたりは、見ている自分もつい笑みがこぼれて、

関連語

□ 対 **あだ・あだあだし**：はかない・浮気である・不誠実である

□□□

121

みいだす

【見出だす】

四段 動詞

外を見る

例文（『源氏物語』）

[常]前駆《さき》うち追ひて、[7]あてやかなる男《をとこ》の入り来るを**見出《い》だし**て、[79]忍びやかにておはせし人の御さまけはひぞ[80]さやかに思ひ出でらるる。

家来に先払いをさせて、上品な男が入ってくるのを（浮舟は）（部屋の中から）**外を見ている**と、（かつて）人目をさけて通ってこられた人（＝薫《かおる》）のお姿や物腰がはっきりと思い出される。

関連語

□ 対 **みいる【見入る】**：外から中を見る

□□□

122

みぐしおろす

［御髪おろす］

連語

出家する

例文（五葉）

御供にも[67]心安きかぎり二、三人ばかりにて三井《みゐ》寺におはしまし、[91]日ごろ[104]むつましうおぼしめしつる[常]阿闍梨《あざり》の坊にて、御髪《みぐし》下ろし給へり。

お供の人も気楽である（↓気心の知れた）者二、三人だけを連れて三井寺《みいでら》においでになり、普段から親しくお思いになっていた阿闍梨《あじゃり》（＝徳の高い僧・えらいお坊さん）の僧坊《そうぼう》（＝僧侶《そうりょ》が住む家）で、出家なさった。

関連語

- □ **世を捨つ（背く・のがる・離る・厭ふ）**：出家する
- □ **かたちを変ふ・様を変ふ**：出家する
- □ **頭おろす・髻切る**：出家する
- □ **いとふ［厭ふ］**：出家する

□□□

123

みゆ

【見ゆ】

下二 動詞

見える・会う

結婚する・見せる・思われる

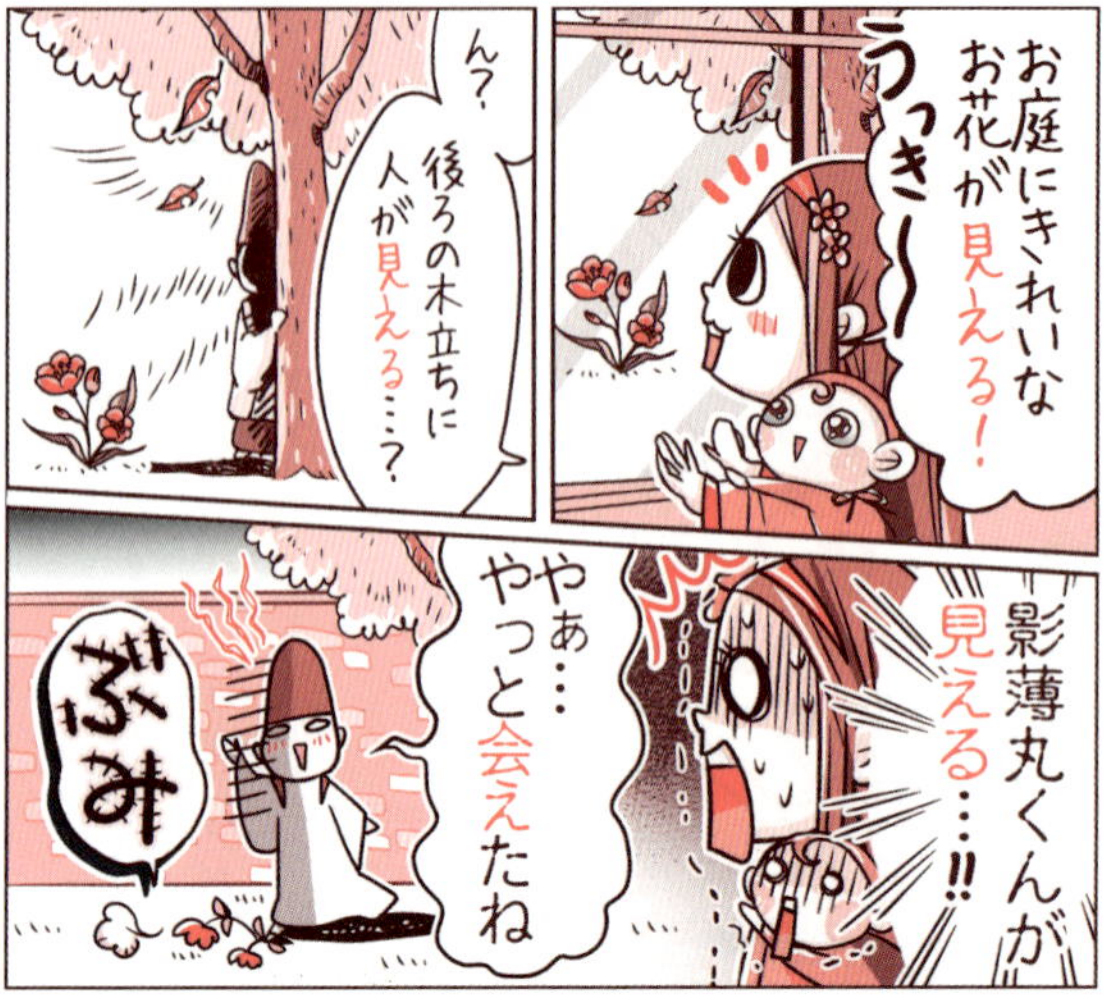

例 文（『浜松中納言物語』）

夜昼心にかかりてのみ思ひ出でらるる御けはひ、まぎる[文]べうもあらず[80]しるく見ゆるに、[5]あさましながら[72]さすがなり。

夜昼気にかかってばかり思い出されていた（中納言の）ご様子が、まぎれるはずもなくはっきり見えるので、驚きあきれながらそうはいってもやはり（嬉しい）。

関連語

▼

44おぼゆ・58きこゆ

124

むげに

【無下に】

副詞

ひどく・むやみやたらに

例文（しら露）

さすがに[72]、「かかる[50]世をも厭《いと》[122]は[文]で、はかなき[107]年月をさて[132]ながらへしも、誰ゆゑ[文]にか」と思しなすには、むげにかけ離る[文]べうも思されねど、

（女君は）そうはいってもやはり、「このような（つらい）世を嫌って出家もしないで、たよりない年月をそのまま（↓俗形《ぞくぎょう》〔＝出家していない姿〕のまま）生きながらえて（暮らして）きたのも、一体誰のためだろうか（他でもない男君のためだ）」とお思いになってみると、むやみやたらに（男君と）疎遠になってしまうべきだともお思いにならないが、

□□□

125

むつかし

シク｜形容

うっとうしい

気味が悪い

例文（『うなゐ松』）

「[25]憂くもむつかしくも、さぞ思ひつらめ、[70]されど我な[文]くは、『いづちおはしけん、[9]あはれ』と[79]偲《しの》ぶ時もあらん[文]かし」

「つらくもうっとうしくも、さぞや思ったでしょう（が）、しかし私がいなくなったら、『どこへいらっしゃったのであろう、ああ悲しい』となつかしく思う（→なつかしく思い出す）時もあるでしょうよ」

関連語

□**うたて（し）**：いやだ・普通ではない・嘆かわしい・情けない

▼[25]**うし**・[63]**こころうし**

□□□

126

めざまし

シク｜形容

＋ すばらしい

－ **気にくわない**

例文（『源氏物語』）

「[※1]いとひききりに、[※2]はなやい給へる人々にて、『めざまし、見じ、聞かじ』など、[110]ひがひがしきことどもし出《い》で給うつべき」と、[39]驚かれ給うて、

「ひどくせっかちで、派手にふるまって事を荒立てなさる人たちであって（→人たちなので）、（この私のことを）『気にくわない、会いたくない、（声も）聞きたくない』などと、きっと色々な間違った事（→非常識なこと）などをしでかしなさるに違いない」と、はっと気がつきなさって、

※1 いとひききりに……ひどくせっかちで。

※2 はなやい給へる人々……派手にふるまって事を荒立てなさる人たち。「はなやい」は「はなやぎ」の イ音便。

関連語

□ **こころづきなし【心付き無し】**：気にくわない

めづ
すっご〜い
感心しちゃう！
うん
うん
故
90点
褒められるの
慣れてない…。

□□□

127

めづ

［愛づ］

下二 動詞

感心する・賞賛する

愛する・かわいがる・ほめる

ポイント

対象に対し「愛」。好ましく、心が惹きつけられるという意味が土台。128番の「めでたし」、128番の関連語の「めづらし」も、この「めづ」からの成立。プラスイメージの単語。

例文（『真葛がはら』）

本意《ほい》[114]にもこえて事なりぬれば、身に余りてうれしと思ひて、道の奥に下るきざみ、先の宮人、この人の二[49]なき志をめで給《たま》ひて、琴を送られし

かねて願っていた以上に成果をあげ（ることができ）たので、（鷹飼いは）「身に余るほど嬉しい」と思って、陸《みち》奥《のく》（今の東北地方）に下向する（→帰る）時に、先日の宮家に仕える人が、鷹飼いのこの上ない志を賞賛なさって（→おほめになって）、琴をお贈りになった

□□□
128
めでたし

ク　形容

すばらしい

例文（『宇津保物語』）

この君、[19]いと[11]あやしくめでたしと聞き[147]ゐ給へり。夜一夜《ひとよ》物語し給ひて、[15]いかがありけむ、そこにとどまり給ひぬ。

若《わか》小君は、「とても不思議なほどすばらしい」と座ったまま聞いていらっしゃっている。一晩中お話をなさって、どういうことであったのだろうか、（その夜は）女のもとにお泊りになった。

関連語

□ **めづらし**：すばらしい
□ **さうなし【双無し】**：比類ない
【左右無し】：ためらわない

□□□
129
めやすし
【目安し】
ク	形容

感じがよい
見苦しくない

例　文（『来目路の橋』）

諏訪の海のふかき[96]なさけに、なにくれと、引く網のめやすう馴《な》れむつび、[10]ここらの友どちの円居《まどゐ》に、

（諏訪湖《すわこ》のように）深い（親切な）思いやりに、なにかと、（引く網の目ではないが）感じがよくなれ親しみ、たくさんの友達の団欒《だんらん》に、

関連語

▼ [67]こころやすし・[133]やすし

□□□
130
ものす

ものす
はっきり表現することを避けた婉曲な言い方だから、ものすはいろんな意味で使われるよ～
うっき～
ある
いる
行く
来る
言う
する
つくる
書く
思う
聞く

サ変 | 動詞

代動詞でいろいろな動詞の代わりをするので前後から判断　一応10個あげておくと（最低5つは暗記）

ある・いる・行く・来る・言う・する・つくる・書く・思う・聞く

例文（『落窪物語』）

「かの右[※1]の大殿《おほとの》のことは、のたまひしやうに、[※2]ものし侍《はべ》りしに、『わざと[135]やむごとなき妻《め》にものし給へ[文]かし。』[※3]殿に[50]聞こえて、[常]四月《うづき》となむ思ふ』と、[116]いそがせ給ふなり。」

「あの右大臣家との結婚話は、（中将様が）おっしゃった通りに、申しました→断りました）のに、（右大臣家側は）『（中将の所におられる女性は）特別に高貴な妻ではいらっしゃらないようだ。（だからそちらへは）時々通ってお行きなさいよ。あなた様のお父上の大将殿に申し上げて、（結婚式は）四月にしようと思う』と、準備していらっしゃるようです。」

※1 右の大殿のこと……中将と右大臣家の姫君との結婚話を指す。
※2 ものし……ここでは、縁談を断る、の意。
※3 殿……中将の父、大将。

関連語

□ す：代動詞 前後から判断（ひとつに絞るなら「する」）

□□□

131

やう《ヨ》やう《ヨ》

［漸う］

副詞

しだいに

例　文（『五葉』）

やうやうほど近うなり給《たま》ひては、さ[72]すがに君たちの恋しさもひとかたならず[44]おぼえ給ひ、

（出家の日が）だんだん近くになりなさるにつれて、そうはいってもやはり（↓覚悟はできているとはいってもやはり）子供たちへの恋しさも並一通りでなくお思いになり、

関連語

やや：しだいに

やをら・やはら：そっと

□□□
132
やがて

副詞

そのまま・すぐに

例文（『[illegible]』）

鶏は、すなはち、かき消すやうに失《う》せにけり。この男、下向して、**やがて**この歌をつかはしければ、

鶏は、すぐに、かき消すようにいなくなってしまった。この男は、京に戻り、**すぐに**この歌を（女に）贈ったところ、

関連語

□ さながら：そのまま
□ さて：そのまま・そして
□ すなはち［即ち］・とりあへず：すぐに
▼ 00とく・90とう

□□□

133

やすし

【安し】

ク	形容

おだやかである

安心である

例　文（『うなゐ松』）

先立ちて二人の親に嘆かせたてまつらん[文][63]心憂さ、黄泉路《よみぢ》もやすくは行きやら[文]れじ。

先立ってお二人の親に嘆かせ申し上げるようなことのつらさに（↓嘆きをおかけ申し上げるようなことがつらくて）、あの世への道も心おだやかに行くことができそうにもありません。

関連語

□やすし【易し】：たやすい
▼[67]こころやすし・[129]めやすし

□□□

134

やつす

四段 | 動詞

目立たなくする

姿をみすぼらしくする

出家する

例文（『今鏡』）

宮内卿《ないきょう》有賢《ありかた》と[58]聞こえられし人のもとなりける女房に、[79]しのびてよるよる様を<u>やつし</u>て通ひ給《たま》ひけるを、

宮内卿《くないきょう》有賢《ありかた》と申し上げなさった人のもとであった（＝人のもとに仕えていた）女房（のところ）に、（成通《なりみち》が）人目を忍んで毎晩姿を目立たなくして通っていらっしゃったのを、

関連語

□ やつる：目立たない姿になる

□□□

135

やむ《ン》ごとなし

ク	形容

高貴である

例文(『風につれなき』)

さらに[74]ただ人と[45]おぼえさせ給はず、今から気高くやむごとなき御光[文]さへ添ひて、御眼居《まなこゐ》など[52]賢う心[109]はづかしげに、おそろしきまでおはしますに、行く末頼もしく、[136]

(若君は)まったく普通の人とは思われず(↓並の人間とはお見えにならず)、もうすでに気品があり高貴な光までもが加わって、お目つきなど素晴らしくて(↓聡くて)(こちらが恥ずかしくなるほど)立派で、恐ろしいぐらいまでいらっしゃるので、将来が頼もしく、

136 行く末 行く先

名詞

将来

関連語

□ **来し方** 過去

例文（『夢の通ひ路物語』）

あはれに、つねよりは[9]いとど見所ありて書きすさみ給ふを御覧ずるに、来《き》し方[136]行く先みな[20]かきくれて、[48]御袖いたう濡《ぬ》らし給ふ。

しみじみと感慨深く、いつもよりはいっそう見所があって（→ある感じで）（男君が）思うままに書いていらっしゃるのをご覧になると、（女君は）過去や将来（→これまでのことやこれから先のことを思うと）万事（悲しみで）心が暗くなり、（涙で）お袖をひどく濡らしなさる。

□□□
137
ゆゆし
［忌忌し］

シク　形容

不吉である・縁起が悪い

初詣で連続三回大凶を引いたボク。「75さるべき」参照
ププッ
あらためて放課後おみくじを引きに来た。
今度こそ…
ガラ ガラ
ゆゆし!!!
4度目…
大凶
俺がおみくじ作っています
～影薄丸

例文（『五葉』）

いみじう[23]うちしをれ給へるを、宮、「など[98]かく[50]はおぼしつる」とゆゆしげにのたまへば、

たいそうしょんぼりとしていらっしゃるのを、宮は、「どうしてこのように（→そんなふうに）お思いなさったのですか」と縁起が悪い（→縁起でもない）というふうにおっしゃるので、

関連語

□ **いまいまし［忌忌し］**：不吉である

□ **いむ［忌む］**：忌み嫌う

□□□

138

よ

［世］

名詞

男女（夫婦）の仲

例文（『源氏物語』）

「『まめ人[120]の心変はるは名残なくなむ』と聞きしは、まことなりけり」と、世を試みつる心地して、

「『まじめな人（→実直な人）が心変わりをすると（元の女性にはまったく）未練がなく（別人になってしまう）』と（人から）聞いていたのは、本当だったのだなあ」と、夫婦の仲を見届けてしまった気持ちがして、

関連語

□**世の中**：男女（夫婦）の仲

□□□

139

よし

ク　形容

良い…プラスイメージ。文脈に応じて訳す。

例文（『栄花物語』）

宮々によき事候へば、うち笑ませ給ひて、[19]いとよしとおぼしめしたり。かやうの[142]例ならぬ事候へば、まづ追ひたてさせ給ふに、[19]いと軽々《きやうきやう》に候ふや[文]。

宮様方によいことがあります時には、にこにこなさって、たいそう結構だとお思いでいらっしゃっています。(しかし)このような普通ではないことがございますと、すぐ追い回さんばかりにお責めになるのに、たいそう軽はずみなことでございますよ。

関連語

□ **よろし**：悪くはない・普通だ
□ **わろし**：良くはない
□ **あし**：悪い
□ **よき人**：身分・教養が高い人
□ **よろしき人**：普通の人

よもーじ
まさか私のプリン食べてないでしょうね？
姉
ま…ま……まさかぁ〜！
カラッ

□□□

140 よもーじ

呼応の副詞

まさか〜まい・ないだろう

ポイント

「じ」は打消推量・打消意志。「まさか」のかわりに「よもや」と置きかえるとわかりやすいかも。

例文（『今鏡』）

女房は、「[50]かく聞きておはしぬれば、またはよも帰り給はじ。」と思ひけるほどに、とばかりありて、袋をてづから持ちて、また[常]築地を越えて帰り入り給ひにけり。

女房は、「このように聞いてから出て行かれたので、二度とはまさかお帰りにならないだろう。」と思っていたうちに、しばらくして、袋を自分で持って、また土塀《どべい》を越えて帰っていらっしゃった。

□□□

141

よもすがら

［夜もすがら］

副詞

一晩中

例　文（『松浦宮物語』）

今はと出で立ちて京を出づるに、たかき[24]いやしき[常]馬のはなむけ[130]す。夜すがら[113]文つくりあかして、出で[文]なむと[130]するに、[23]いみじう[79]しのびてたまへる、

「いよいよ（中国へ）出発」ということで旅立って都を出る時に、身分の高い人も身分の低い人も（みな集まり）送別会をする（または、餞別《せんべつ》を贈る）。一晩中（人々と別れの）漢詩をつくり（夜を）明かして、「まさに出発しよう」とする時に、たいそう人目をさけてくださった、

関連語

□ **ひねもす【終日】**：一日中
□ **またの日**：次の日

□□□

142

れいの

【例の】

副詞・連体詞

いつものように・いつもの

例文（『大鏡』）

女房「いみじく思ひ嘆きて、例の日暮れにけりければおはしたりけるに、泣く泣くこの次第を語りければ、

女房はたいそう思い嘆いて、いつものように日が暮れてから（成通《なりみち》が）いらっしゃったので、泣きながらこのいきさつを話したところ、

関連語

□**例ならず**：普通ではない・いつもとは違う

□**ためし【例】**：先例（過去にあった事柄）・例

動詞＋わたる
和歌丸ずっと勉強してるね!
差し入れ
わう!

□□□

143

動詞＋わたる

四段 | 動詞

一面に〜する
ずっと〜し続ける

ポイント

「渡《わた》る」と漢字を当て、上に動詞がなければ「行く・来る・通り過ぎる」など「移動する」ことを表す意味になる。

例文（『浜松中納言物語』）

「[90]いつしか、と待ちわたり聞こえさせしに、『のぼり給ひぬ』と聞きても、のどやかなら[文]むひまを、と[66]心もとなく思ひしに、……」

「はやく（上京してほしい）、とずっと待ち続け申し上げていたが、『上京された』と聞いても、ゆっくりするような暇を（見つけてお訪ねしよう）、と待ち遠しく思っていたのに、……」

わびし
ケータイ鳴らない…
彼がなかなか
連絡をくれなくて
つらい・さびしい…

□□□

144

わびし

［侘びし］

シク	形容

つらい

さびしい

例文（『栄花物語』）

女房達《たち》[147]ゐすくみて、立つ心地[19]いとわびし。おのおのさるべきには※陣に車[147]率て騒ぎ、[12]さらぬは[常]局《つぼね》に皆行きて、物も[44]覚えでより臥《ふ》しぬ。

女房達は座ったまま硬直して、立ち上がる時の気持ちはたいそうつらい。（その後）里に下がる者は各自、衛士の詰め所に（退出用の）車を引き連れて（→用意させて）騒ぎ、別の者は各自の部屋に皆行って、（恐れて）呆然としたまま物に寄り添って横になった。

※陣……警護の者の詰め所。車はここから出入りする。

□□□

145

わぶ

［侘ぶ］

上二｜動詞

嘆く・つらく思う・困る

例文（『兵部卿物語』）

「この菊は御前なん書かせ給ふ。『いと[19]悪《あ》し[139]』とて書き消させ給へば、わびて、按察使の君、この歌を書き添へ給うつ」と語り聞こゆ[58]れば、

「この菊（の絵）は姫君がお描きになりました。（だけど）『とてもへたくそだわ』とおっしゃって（墨で）ぬりつぶしなさったので、嘆いて（または、困って）、按察使《あぜち》の君が、この和歌を書きそえなさいました」とお話し申し上げると、

関連語

- □ **わづらふ［煩ふ］**：病気になる
- □ **思ひわづらふ**：思い悩む
- □ **動詞＋わづらふ**：～しかねる

□□□

146

わりなし

ク　形容

どうしようもない

例　文（『うつせ貝』）

驚きて、**わりなく**[79]忍び出《い》でぬるなるべし。[132]やがて絶え入りてうつし心なし。

（女は）驚いて、**どうしようもなく**人目をさけて（屋敷を）出てきたのであろう。そのまま気を失って意識もない。

関連語

□ いふかひなし【言ふ甲斐なし】：どうしようもない
□ せむかたなし：どうしようもない
□ ずちなし【術なし】：どうしようもない
▼ [6]あがきなし

□□□

147

ゐ《イ》る

上一 動詞

居る：いる・座る
率る：引き連れる

ポイント

どちらの意味を使うかは前後で判断するしかないが、「率る」の場合は例文のように「率」の下に接続助詞の「て」がついて、その下に動詞がくることが多い。

例文（『五葉』）

「[19]いと見苦しきを、率《ゐ》ておはしね。まろあれば、ここにはやくなし」とのたまふを、后の宮、[19]いと[27]うつくしう見たてまつらせ給ひ、

「とても目障りなので、（どこかへ）連れて行ってくださいよ。僕がいるので、ここには必要ないよ」とおっしゃるのを、后の宮は、とても可愛いと見申し上げなさって、

□□□

148

を《オ》かし

シク | 形容

ひょ、っとした軽く浅く明るい感動

趣深い・興味深い・おもしろい・かわいい・すばらしい

例文（『浜松中納言物語』）

くりかへし[100]なほかへしても思ひ出《い》でよ
[50]かくかはれとは[84]契らざりしを
とあるを、むすめ[79]忍びて見るに、[23]いみじう をかしき書きざまなど見るにつけても、

繰り返しさらに繰り返してでも思い出して下さい。（私は）このように心変わりしろとは約束しませんでしたのに。

と（詠んで）贈ったのを、娘はこっそり見ると、たいそう趣のある筆づかいなどを見るにつけても、

関連語

▼
9 あはれなり

□□□

149

を《オ》こなり

ナリ　形動

愚かだ

ポイント

もとは漢語で、148の「をかし」は「をこ」が形容詞化したものといわれている。後世、「をこ」の当て字「尾籠」を音読して「びろう」（きたないこと・きたない様子）という語ができた。

例　文（『夢の通ひ路物語』）

[111]人わろく、今さらかかづらひ、**をこなる**ものに思ひ[117]まどはれむか

みっともなく、今さら関わりを持つのは、**愚かな**奴だとひどく思われるだろうか

関連語

□**しれもの【痴れ者】**：愚か者

□□□

150

をさをさ《オ オ》 ― 打消

呼応の副詞

ほとんど～ない

ポイント

打消呼応の副詞の多くが100％の完全否定（74さらに・01すべて・87つゆ）になるのに対し、「をさをさ」は90％ぐらいの否定とおさえておこう。

例文（『宇津保物語』）

かの人の入りにし方に入れば、塗籠※《ぬりごめ》あり。そこに[147]ゐて、もののたまへど、**をさをさ**答《いら》へもせ**ず**。

その女が入っていった方に（若小君《わかこぎみ》は）入ってみると、塗籠《ぬりごめ》がある。（女は）そこに座っていて、（若小君が）言葉をかけなさるが、**ほとんど**返事もし**ない**。

※塗籠……壁でまわりを囲み、一か所に出入り口を設けた部屋。調度や貴重品などを収納するために用いた。

俺の独断と偏見で選んだ

これだけ覚えておくだけでもずいぶん違う文法と公式25

	文法・公式	本書の該当見出語番号
1	――る・らる＋打消（反語）→可能	11・133
2	文中の「む」（連体形）→婉曲か仮定	2・5・41・43・60・70・77・111・113・133・143
3	「と」の上の「む」→まずは意志から入る	2・46・55・66・67・69・80・88・108
4	「ずは」「くは」※「未然形＋ば」は仮定 cf「なば」の「な」は完了の未然形 ※「くは」の「く」は形容詞・助動詞の連用形《例》べくは	5・23・43・45・70・80・82・125 cf 25・67
5	「なめり」の「な」は断定＋「めり」は婉曲推量（であるようだ）	43・49
6	同格の「の」→（～で）	7・10・11・46・96
7	未然形＋で→打消（～ないで）	35・75・76・124
8	文中にある「ものを」は逆接。文末にある「ものを」は（逆接）詠嘆 cf「ものから」→逆接	5・29・32 cf 21・103
9	「だに」→①～さえ ②せめて～だけでも	5・45・54・108
10	「さへ」→～までも	14・38・135
11	「しも」（「し」は副助詞、「も」は係助詞）→強意（訳す必要なし）	2・18・49・71・93・102
12	「や」といったら疑問か反語か詠嘆	13・47・54・56・58・139

13	文中の「こそ――已然（、）」は逆接	49・93
14	「やは」「かは」は反語（ごくたまに疑問）	47・49・56・64
15	「もぞ」「もこそ」→〜しては困る、大変だ	117
16	「ぞ」「ぞかし」→文末強調（だ！ よ！ ね！）	17・23・24・50・58
17	未然形＋ばや→自己の願望（〜たい）	3・16
18	連用形＋「てしがな」「にしがな」→自己の願望（〜たい）	14
19	かし→念を押す終助詞（よ！ ね！）	25・60・108・125・130
20	「にや」「にか」→「あらむ」が省略されている	50・84・91・96・100・124
21	未然形＋なむ→他者への願望の終助詞（〜してほしい）	97
22	連用形＋なむ→「な」と「む」で切れる 「な」……強意・完了の助動詞 「む」……推量・意志・適当などの助動詞	95・141
23	「かな」→詠嘆（〜だなあ）	24・47
24	終止形※＋とも→逆接仮定（〜ても） ※形容詞型活用の連用形＋ともの場合も同じ　《例》無くとも	80・117・119
25	べう＝べく（終止形は「べし」）	123・124

センターに出た古文常識一覧

＊読みは歴史的仮名遣い（右側のカタカナは現代仮名遣いの読み）で記してある

	単語	読み	現代語訳
1	曙	あけぼの	夜明け・明るくなりはじめるころ
2	阿闍梨	あざり あじゃり	偉いお坊さん
3	朝臣	あそん	五位以上の人の姓名につける敬称
4	文目	あやめ	道理・区別　※文目《あやめ》と菖蒲《あやめ》（しょうぶ）の掛詞は覚えておこう cf あやなし［文無し］：①筋が通らない　②わけがわからない
5	有明	ありあけ	月がまだ空に残っていながら夜が明けること
6	有明月	ありあけのつき	夜が明けても空に残っている月（下旬）
7	一期	いちご	人間の一生。生まれてから死ぬまで
8	内裏	うち・だいり	宮中または天皇（→本文見出語29）
9	上人	うへ《エ》びと	四位・五位↓殿上人までが宮中の殿上の間に上がれる。六位の蔵人《くろうど》（天皇の秘書）も殿上人
10	馬のはなむけ	うまのはなむけ むまのはなむけ	送別会・餞別《せんべつ》
11	雲客	うんかく	四位・五位↓殿上人までが宮中の殿上の間に上がれる。六位の蔵人《くろうど》（天皇の秘書）も殿上人

12	烏帽子	えぼし	元服した男が普段かぶる帽子
13	大臣	おとど	大臣〈だいじん〉のこと
14	大内山	おほ《オ》うちやま	宮中
15	大殿油	おほ《オ》となぶら	灯・照明具（今でいう懐中電灯みたいなもの）
16	更衣	か《コ》うい	女御につぐ地位だが格式の上では大きな差がある
17	格子	か《コ》うし	窓
18	方違へ	かたがへ《エ》	外出するとき悪い方角を避けること
19	上下	かみしも	身分の上下
20	狩衣	かりぎぬ	貴族の普段着（もともとは鷹狩りの時に着た服）
21	上達部	かんだちめ	三位以上→大臣や大納言・中納言の称
22	桔梗	ききや《ヨ》う	植物。秋の七草の一つ
23	几帳	きちや《ヨ》う	女性のわきに立てるしきり（要するに、これがあったら中に女がいる）
24	後朝の文	きぬぎぬのふみ	男女が共寝した翌朝が後朝《きぬぎぬ》で、男は家に帰ったらすぐに手紙を書き、女に送る。その手紙をいう
25	行幸	ぎや《ヨ》うが《ゴ》う・みゆき	天皇のお出まし・お出かけ（もともとは「御行く」）
26	曲水の宴	きょくすいのえん	三月三日の行事（上流から流れてくる盃が自分の前を通り過ぎる前に詩歌を作り、その盃で酒を飲む宴会）
27	君達	きんだち	貴族の子供・たまに女性
28	禁中	きんちゅう	宮中

29	公卿	くぎゃ《ヨ》う	三位以上→大臣や大納言・中納言の称
30	草の庵	くさのいほ《オ》り	簡素な住まい・わびずまい
31	雲居	くもゐ《イ》	宮中（→本文見出語29）
32	蔵人	くら《ロ》うど	天皇の秘書。「蔵人頭《くらうどのとう》」（天皇の秘書の中で一番エライ者）でも出る
33	九重	ここのへ《エ》	宮中（→本文見出語29）
34	後世	ごせ	死後に生まれる世
35	前駆	さき	偉い人の一行の一番前にいて先導する人（家来）、要するに先払い
36	指貫	さしぬき	貴族の普段着（ズボン）
37	申の時	さるのとき	午後４時頃
38	時雨	しぐれ	十月（＝冬）に降る冷たい雨（→時雨が出たら場面は暗い）
39	装束	しゃ《ヨ》うぞく	男女ともに用いる着物
40	随身	ずいじん	偉い人につく家来（家来・従者とわかればいい）
41	前栽	せんざい	庭・庭の前に植えた草木
42	僧正	そうじゃ《ヨ》う	偉いお坊さん
43	僧都	そうづ《ズ》	偉いお坊さん
44	中宮	ちゅうぐう	天皇の正妻
45	築地	ついぢ《ジ》	土の塀
46	司召しの除目	つかさめしのぢ《ジ》もく	大臣以外の中央官の官職を任命する秋の儀式
47	局	つぼね	部屋

48	妻戸	つまど	開き戸（両開きの板戸）
49	殿上人	てんじゃ《ヨ》うびと	四位・五位↓殿上人まで宮中の殿上の間に上がれる。六位の蔵人《くろうど》（天皇の秘書）も殿上人
50	東宮・春宮	とうぐう	皇太子または皇太子の家
51	宿直	とのゐ《イ》	宮中などに泊まり、勤務や警護にあたること
52	酉	とり	午後6時頃・西
53	直衣	なほ《ノウ》し	貴族の普段着
54	西	にし	極楽の方向
55	女御	にょうご	天皇の奥さんで皇后・中宮につぐ地位
56	塗籠	ぬりごめ	納戸《なんど》
57	人の国	ひとのくに	外国（文章に出てきたら中国）・地方・田舎
58	絆	ほだし	さまたげ・邪魔となるもの・束縛↓子や妻の存在に使うことが多い
59	政	まつりごと	政治を行うこと
60	御先	みさき	偉い人の一行の一番前にいて先導する人（家来）、要するに先払い
61	御簾	みす	女性のわさにかけるしきり（要するに、これがあったら中に女がいる）
62	午の刻	む《ウ》まのこく	午後0時頃
63	午の時	む《ウ》まのとき	午後0時頃
64	乳母	めのと	天皇や貴族の子供を母親がわりに育てる女性
65	乳母子	めのとご	乳母の子供

66	望月	もちづき	陰暦15日の月・満月
67	遣り戸	やりど	引き戸（横に引く戸）
68	蓬	よもぎ	「蓬《よもぎ》生《ふ》」は荒れ果てた土地のこと。「蓬《よもぎ》が杣《そま》」とは自分の家を謙遜していう語
69	破子	わりご	弁当箱
70	院	ゐ《イ》ん	院・上皇・法皇は元《もと》天皇とわかれば十分。建物を指す場合もある
71	女郎花	を《オ》みなへ《エ》し	秋の七草の一つで黄色の花をつける

【時刻・方位表・月の異名】

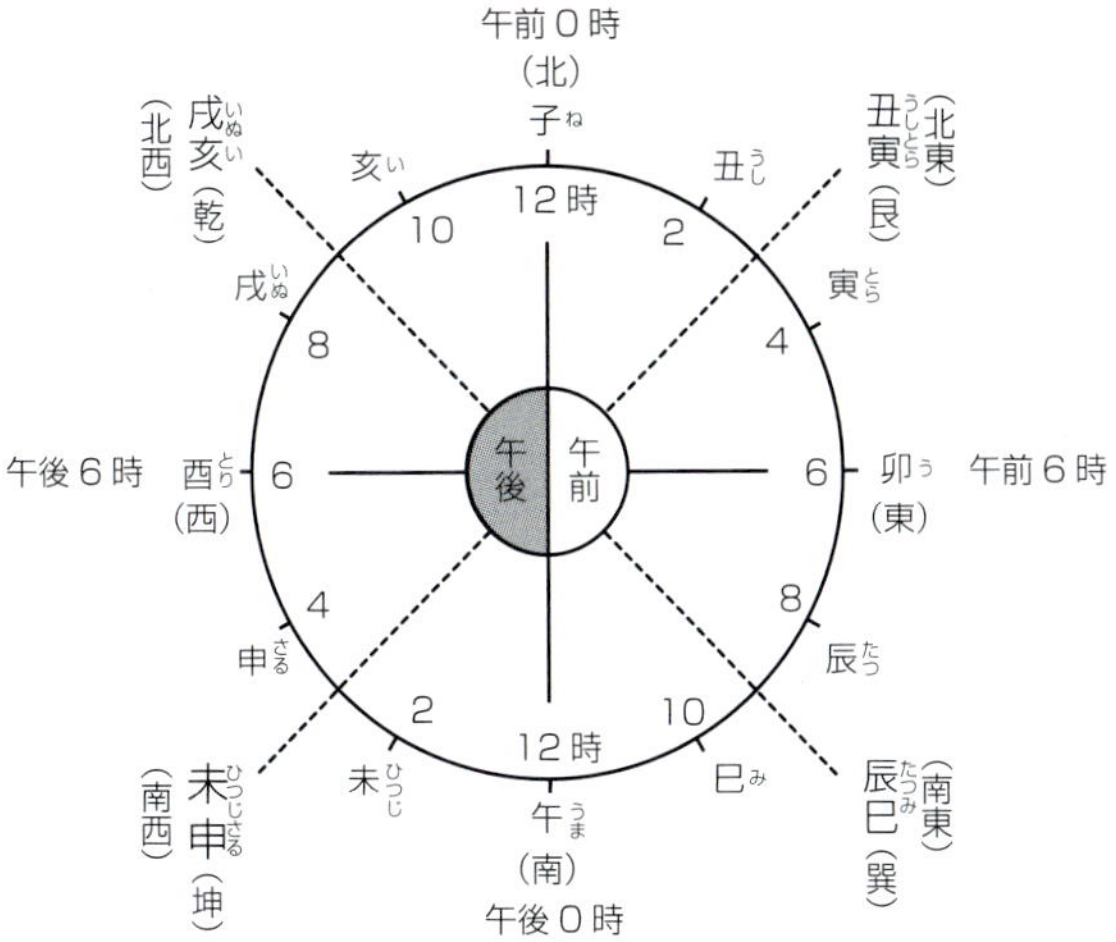

〈十二支〉

子《ね》・鼠《ねずみ》　丑《うし》・牛《うし》　寅《とら》・虎《とら》　卯《う》・兎《うさぎ》　辰《たつ》・竜《たつ》　巳《み》・蛇《へび》　午《うま》・馬《うま》　未《ひつじ》・羊《ひつじ》　申《さる》・猿《さる》　酉《とり》・鶏《にわとり》　戌《いぬ》・犬《いぬ》　亥《い》・猪《いのしし》

※子（ね）　は午前０時（北）
　午（うま）　は午前０時（南）　］左の２つは絶対暗記！

あとは例えば辰の時は現在の何時ごろに相当するかといわれたら、辰は５番目、そこから１を引く、そして２をかける。

辰：（5 － 1）× 2 ＝ 8　→ 午前８時頃
未：（8 － 1）× 2 ＝ 14　→ 午後２時頃

月の異名

冬			秋			夏			春		
師走《しはす》	霜月《しもつき》	神無月《かみなづき》	長月《ながつき》	葉月《はづき》	文月《ふづき》	水無月《みなづき》	皐月《さつき》	卯月《うづき》	弥生《やよひ》	如月《きさらぎ》	睦月《むつき》
十二月	十一月	十月	九月	八月	七月	六月	五月	四月	三月	二月	一月

私大文系・国公立文系のための一一〇番

私立文系・国公立文系で古文を得意科目にしておきたいなら、もう少しだけ単語を覚えてほしい。センターには出たことはないが、頻出文章などでよく出る（よく出た）単語一一〇語をあげておくので覚えてくれ！

NO	単語	現代語訳
1	あいなし	つまらない・気に入らない
2	あからさまなり・かりそめなり	ほんのちょっと・一時的に
3	あからめ［傍め］	①浮気　②わき見・わき目
4	あそぶ	（漢詩・和歌・管弦の）遊びをする　cfあそび：管弦（音楽）の遊び
5	あない［案内］	事情・取りつぎ
6	あなかしこ――な	（決して）～するな　cfゆめゆめ――な・ゆめ――な
7	あなかま	しっ、静かに
8	あふ［合ふ・会ふ・逢ふ］	結婚する　cfよばふ［呼ばふ］：求婚する
9	あへて・かけて・たえて ゆめゆめ・よに　――打消	全く・決して・少しも～ない
10	あへなし	どうしようもない　cfかひなし・すべなし［術無し］・やるかたなし
11	あやにくなり	意地が悪い・あいにくだ
12	あらまし	計画
13	ありく［歩く］	出歩く　動詞＋ありく：～してまわる・ずっと～し続ける
14	あるじ［主］	主人　cfまらうど［客人］：客人
15	あるじす・あるじまうけす	もてなす・ごちそうする　cfまらうどざね［客人実］：主賓
16	いぎたなし［寝汚し］	寝坊である

17	いはむかたなし［言はむ方無し］	言いようがない
18	いまはかう［今はかう］	もはやこれまで　cf いま［今］：すぐに・さらに
19	いも［妹］	男が女を親しみをこめていう語→（いとしい）あなた　cf せ［背］：女が男を親しみをこめていう語→（いとしい）あなた・あの人
20	いをぬ［寝を寝］	寝る　cf いもねず［寝も寝ず］：寝ない　cf いもねられず［寝も寝られず］：寝ることもできない
21	うしろみる［後見る］	世話をする　cf うしろみ［後見］：後見人
22	うつろふ［移ろふ］	心変わりをする・色があせる
23	うらなし［心なし］	心の隔てがない・隠しだてがない
24	うるさし	㊀わずらわしい・㊉①賢い　②立派である　cf うるせし：㊉の意味→①賢い　②上手だ・すぐれている
25	うれふ［憂ふ・愁ふ］	嘆く・訴える
26	おきつ［掟つ］	取り決める・指図する
27	おとにきく［音に聞く］	噂に聞く
28	おもてぶせ［面伏せ］	不名誉なこと　cf おもておこし［面起こし］：面目をほどこすこと
29	かこつ［託つ］	嘆く・不平を言う
30	かずならず［数ならず］	人の数にも入らない・物の数ではない・取るに足らない　cf ひとげなし［人気無し］：人並みでない・人間らしくない
31	かたし［難し］	①めったにない　②困難である
32	かたらふ	交際する・約束する・語る　cf まじらふ：交際する・宮仕えする
33	かど［才］	才能・才気　cf かどかどし［才才し］：才気がある

34	かまふ［構ふ］	準備する・計画する・つくる cfかまへて（―― 打消・禁止）：決して（〜ない・〜するな）
35	からし［辛し］	つらい
36	〜（の）がり［〜（の）許］	〜のもとへ
37	かる［離る］	離れる　cfさる［避る］：避《さ》ける
38	くまなし［隈無し］	影がない・行き届いている
39	けしうはあらず	悪くはない・普通だ
40	けしきばむ［気色ばむ］ けしきだつ［気色だつ］	①様子が外に現れる　②思いが顔色に表れる
41	こうず［困ず］	困る・疲れる
42	こころばへ［心ばへ］	気立て・心づかい・趣
43	こころゆく	満足する・気が晴れる
44	こそあらめ・こそあれ	ともかく・やむをえないが
45	こちたし［言痛し］	①おおげさである　②うるさい　③わずらわしい cfものものし：おおげさである
46	こちなし［骨無し］	無骨である・無作法である
47	こまやかなり	こまごまとしている・色が濃い
48	これ・ここ	自分（私）　cfそれ・そこ：相手
49	さうざうし［寂々し］	物足りない
50	さがなし［性無し］	意地が悪い
51	さしも・させる ―― 打消	たいして・それほど〜ない

52	さだめて（── 推量）	きっと（～だろう）
53	さもあらばあれ	そうであるならそうであってかまわない
54	さらぬわかれ［避らぬ別れ］	死別　cf つひにゆくみち［遂に行く道］・かぎりあるみち［限りある道］：死
55	さることにて・さるものにて	それはそれとして・もちろんのこと
56	したたむ	整理する・用意する
57	しづ［賤］	身分の低い者・いやしい者
58	しどけなし	だらしがない・くつろいでいる
59	しほたる［潮垂る］	涙を流す
60	しる［知る・領る］	治める
61	すさまじ［凄じ］	興ざめである
62	すずろなり・そぞろなり［漫ろなり］	わけもなく・むやみやたらに・思いがけない
63	すまふ［争ふ・辞ふ］	［争ふ］：抵抗する　［辞ふ］：断る
64	せちなり［切なり］	①一途に・ひたすら　②大切である　cf ひたぶるなり：一途に・ひたすら
65	せめて	強いて・ひどく
66	そこはかとなし	何ということもない
67	ただ［徒・常・唯・只］	［徒］：むなしい・何でもない　［常］：普通である　［唯・只］：ひたすら
68	たづき［方便］	手段・手がかり
69	たとひ ── とも	たとえ～ても
70	ためらふ	気を落ち着ける
71	ついで［序］	順序・機会

72	つきなし［付き無し］	ふさわしくない
73	つたなし［拙し］	下手である・おろかである・不運である
74	つま［夫］	夫　cf つま［端］：端
75	つゆ［露］	涙　cf：露の身・命・世：露のようにはかない身・命・世
76	とが［咎・科］	欠点・罪　cf とがむ［咎む］：非難する
77	ときしもあれ［時しもあれ］	時も時　cf をりしもあれ［折しもあれ］：折も折・ちょうどその時
78	とまれかくまれ	何はともあれ
79	なごり	余情
80	なに［何］・なにか［何か］・なにしに［何しに］	どうして
81	なにがし・それがし	だれそれ・某
82	なにかはせむ［何かはせむ］	何になろうか、いや何にもならない
83	なにしおふ［名にし負ふ］	そういう名を持っている・名高い・有名な
84	ねをなく［音を泣く］	声に出して泣く
85	はかる	企てる・だます　cf たばかる［謀る］：計画を立てる・だます
86	はぐくむ	大切に育てる・世話をする
87	はやう・はやく	以前・実は
88	はらから［同胞］	兄弟（姉妹）
89	ひぐらし［日暮し］	一日中
90	ひとやりならず［人遣りならず］	自分の心からする

91	ふるさと［古里・故郷］	①なじみの土地　②実家　③旧都
92	まがまがし	不吉である
93	まさなし［正無し］	よくない
94	またのとし［又の年］	翌年　cf またのあした［又の朝］：翌朝
95	～ままに	～につれて・～とすぐに・～ので
96	（名詞＋を）＋形容詞の語幹＋み	（～が）～なので　《例》人を多み→人が多いので・浅み→浅いので
97	みやび［雅び］	上品で優雅なこと
98	むくつけし	気味が悪い・無風流だ　cf すごし［凄し］：気味が悪い
99	むねあく［胸開く］	心が晴れる・気持ちがすっきりする　cf むねつぶる［胸潰る］：胸がどきどきする・心配する
100	～やおそき［～や遅き］	～するとすぐに
101	やまとだましひ［大和魂］	政治的・実務的才能　cf からざえ［漢才］：学問（特に漢学）上の才能
102	ゆかり［縁］	縁
103	ゆふさり［夕さり］	夕方　cf ゆふされば：夕方になると
104	ゆゑ［故］	原因・理由・趣・風情・由緒・～によって・～ので
105	よし［由］	趣・風情・由緒・原因・理由・方法・手段・～ということ
106	よすが［便・縁・因］	よりどころ・たよりとする縁者（夫・妻・子）
107	よにあふ［世に逢ふ］	時勢に合い栄える
108	れい［例］	普通
109	わづらはし［煩はし］	①いやである・やっかいである　②複雑である　③病気が重い
110	をさをさし［長々し］	しっかりしている

敬語一覧

尊敬語

一番右にあるものが、その敬語の元となる動詞。左へいくほど〈尊敬〉の意味＝主語に対する敬意が強くなる！

＊のついている語は、〈謙譲〉の意味（用法）もある語なので注意！

動詞

1

あり・居《ゐ》る（居《を》り）・行く・来《く》

← おはす（サ変）

← おはします（サ四）

本 いらっしゃる・おいでになる

補 ～ていらっしゃる・～でおいでになる

※例外もあるが、基本的に上に動詞があれば補助動詞、なければ本動詞と覚えておこう！

2

あり・居《ゐ》る（居《を》り）・行く・来《く》

← ます（サ四）
います（坐す）（サ四）
いまそかり（ラ変）

← まします（サ四）

本 いらっしゃる・おいでになる

補 ～て
でいらっしゃる

※「**いまそかり**」の「**い**」「**そ**」「**か**」は、それぞれ「**み**」「**す**」「**が**」と変わる時もあるが、すべてイコール「いまそかり」でラ変！

い	ま	そ	か	り
↔		↔	↔	
み		す	が	

3

与ふ ← ＊たまふ〔給ふ・賜ふ〕（ハ四）
＝たぶ〔給ぶ・賜ぶ〕（バ四）
← たまはす〔給はす・賜はす〕（サ下二）

たまふ【四段活用】 本 お与えになる・くださる
補 お～になる・お～なさる
※「たぶ」は「**たまふ**→たうぶ→たんぶ→**たぶ**」と変化した。
たまはす 本 お与えになる・くださる
※**「たまふ」は【下二段活用】で謙譲語の用法もあるので注意！**

4

言ふ ← のたまふ〔宣ふ・の給ふ〕（ハ四）
← のたまはす（サ下二）

おっしゃる

5

言ふ ← おほす〔仰す〕（サ下二）
← おほせらる〔仰せらる〕（ラ下二）

①おっしゃる　②命令する
※「仰せ給ふ」という形でも使われる。
「仰せらる」の「らる」は絶対尊敬！

6

思ふ

思《おぼ》す〔思《おも》ほす〕（サ四）

思《おぼ》し召《め》す（サ四）

お思いになる

7

見る

御覧ず（サ変）

ご覧になる

8

寝《ぬ》・寝《い》ぬ

大殿《おほとの》ごもる（ラ四）

おやすみになる

9

遊ぶ
〈文学・芸能方面のことを〉す
← あそばす〔遊ばす〕（サ四）

本
①（和歌を）お詠みになる
②（漢詩を）お作りになる
③（楽器を）お弾きになる
④（文字を）お書きになる
⑤なさる

10

聞く
← 聞こす（サ四）
← 聞こしめす（サ四）

聞こしめす（「聞こす」は①だけ覚えておく）
①お聞きになる
②〈「飲む」「食ふ」の尊敬語〉お飲みになる・召し上がる
③〈「治む」の尊敬語〉お治めになる

11

しる〔知る／領《し》る〕
← しろしめす（サ四）
（しらしめす）

①知っていらっしゃる・ご存知である
②お治めになる

12

遣《や》る

←

つかはす〔遣はす・使はす〕（サ四）

（人を）おやりになる（＝行かせる・派遣する・贈る）

13

呼ぶ

←

めす〔召す〕（サ四）

---

①お呼びになる

②お取り寄せになる

③〈「飲む」「食ふ」「着る」「乗る」の尊敬語〉→14参照

14

飲む・食ふ・着る・乗る

←

＊たてまつる（ラ四）〔奉る〕

お飲みになる・召し上がる・お召しになる・お乗りになる

※**「たてまつる」は通常謙譲語で出る場合が多いので、この用法には注意！**

15

飲む・食ふ・す

←

＊まゐる〔参る〕（ラ四）

お飲みになる・召し上がる・なさる

※**「まゐる」も通常謙譲語で出る場合が多いので、この用法には注意！**

cf **ものまゐる**＝食事を召し上がる

謙譲語

一番右にあるものが、その敬語の元となる動詞。左へいくほど〈謙譲〉の意味＝目的語に対する敬意が強くなる！

動詞

＊のついている語は、〈尊敬〉の意味（用法）もある語なので注意！

16

言ふ

←

きこゆ〔聞こゆ〕（ヤ下二）

←

きこえさす〔聞こえさす〕（サ下二）

本 申し上げる

補 ～申し上げる

巻末付録　敬語一覧

17

言ふ・願ふ
↑
まうす〔申す〕（サ四）

本
①申し上げる（ほとんど①で覚えておく）
②お願い申し上げる
③〈かしこまり改まった言い方・機能は**丁寧語**〉
～と申します（「吉野と申します」の「申します」）
補
～申し上げる・お～する

18

言ふ
↑
奏《そう》す（サ変）
啓《けい》す（サ変）

奏《そう》す：（天皇＝帝・上皇・院に）申し上げる
啓《けい》す：（皇后・中宮・春宮《とうぐう》〔皇太子〕など帝の親族に）申し上げる
※**目的語限定の謙譲語！　絶対敬語**とも言う。

※19・20は左の関係を頭に入れて意味をチェック！
まゐる・まうづ……参上する
⇔
まかる・まかづ……退出する

19

行く・来・（与ふ）
←
まゐる〔参る〕（ラ四）
まうづ（ダ下二）

まゐる
①参上する・出仕（＝お仕え）する
②（神社お寺に）参詣《さんけい》する
③〈エライ人に物を〉差し上げる
④〈エライ人に何かして〉差し上げる
cf 御格子参る＝格子をお上げする。お下ろしする

まうづ
①参上する　②参詣する

20

出づ・去る・行く
←
まかる（ラ四）
まかづ（ダ下二）

まかる
①退出する・（都から地方へ）下る
②〈「行く」の改まった言い方・機能は丁寧語〉参ります・参上します
③〈まかり＋動詞〉～ます↓機能は丁寧語
cf 身まかる＝死ぬ

まかづ
①退出する
②〈改まった言い方〉出ます・参ります

21

与ふ
←
＊たてまつる〔奉る〕（ラ四）
まゐらす〔参らす〕（サ下二）

本 差し上げる・献上する
補 ～申し上げる・～て差し上げる・お～する

22

受く・もらふ〔与ふ〕

←

たまはる〔賜る・給る〕（ラ四）

〈謙譲〉

本 いただく・頂戴する

補 ～ていただく

〈尊敬〉…中世（鎌倉）以降、尊敬の「たまふ〔給ふ〕」と混合される。

本 お与えになる・くださる

補 ～てくださる

23

受く・聞く

←

うけたまはる〔承る〕（ラ四）

お受けする・お聞きする

24

仕《つか》ふ／す（代動詞）

←

つかうまつる〔仕うまつる〕

つかまつる〔仕る〕（ラ四）

本 お仕え申し上げる／し申し上げる・いたす

補 ～申し上げる

※**和歌の前後にある「つかうまつる」は「詠む」の代動詞で、謙譲語。**（和歌を）詠みます・詠み申し上げる

巻末付録　敬語一覧

25

あり・居る《ゐ》（居り《を》）
侍《はべ》り（ラ変）←
候《さぶら》ふ（ハ四）

（エライ人のお側に）お仕えする・伺候《しこう》する・お控えする
さぶらふ＝うかがりの意味もある
※「侍り・候ふ」の上に動作対象（エライ人のお側・エライ人の所など）があったり、または動作対象意識が強い（動作対象が補える）ときの「侍り・候ふ」は謙譲語。

26

＊たまふ〔給ふ〕（ハ下二）

尊敬語【四段活用】　は・ひ・ふ・ふ・へ・へ
本 お与えになる・くださる
補 お～になる・お～なさる
謙譲語【下二段活用】　へ・へ・○・ふる・ふれ・○
補 ～ます・～（さ）せていただく
※①会話・手紙にしか使われない
②「思ひ（思ふ）・見・聞き・知り」の下につく
③謙譲語だが、敬意の対象は**その話を聞いている人！↓機能は丁寧語**

丁寧語

丁寧語は次の二語だけ！

動詞

27

あり・居《ゐ》る（居《を》り）

← 侍《はべ》り（中古）

候《さぶら》(さうら)ふ（中世）

本 あります・おります・ございます

補 〜です・〜ます・〜でございます

※①「侍り・候ふ」は、もともと「お仕えする」という謙譲語。動作対象（**人物に**）が薄れ、ただ単に存在を表す丁寧語としての用法を生じた。

②「候ふ」の丁寧語としての用例は平安中期くらいから見られ、平安末期の作品（大鏡など）には「侍り・候ふ」両方とも丁寧語として出てくる場合がある。

③**「侍り・候ふ」の上に動作対象（人物に）があったり、補えたりするときの「侍り・候ふ」は謙譲語。**

④**補助動詞の「侍り・候ふ」は丁寧語。**

文系男子は
モテるっ！

索引

赤字：見出語150
太字：関連語
細字：古文常識・古文単語一一〇（巻末）

あ

い

う

え

大学受験　高速マスターシリーズ
センターに出る古文単語 150

発行日：2015年11月19日　初版発行
　　　　2016年11月 7 日　第2版発行

著　者：**吉野敬介**
発行者：**永瀬昭幸**

発行所：株式会社ナガセ
〒180-0003　東京都武蔵野市吉祥寺南町 1-29-2
出版事業部（東進ブックス）
TEL：0422-70-7456 ／ FAX：0422-70-7457
www.toshin.com/books（東進 WEB 書店）
※本書を含む東進ブックスの最新情報は、東進 WEB 書店をご覧ください。

編集担当：大橋直文

装丁・DTP：東進ブックス編集部
本文イラスト：うたこ
編集協力：佐藤渚
印刷・製本：シナノ印刷株式会社

ISBN978-4-89085-667-1　C7381

全国屈指の実力講師陣

ベストセラー著者のなんと7割が東進の講師陣!!

東進ハイスクール・東進衛星予備校では、そうそうたる講師陣が君を熱く指導する!

本気で実力をつけたいと思うなら、やはり根本から理解させてくれる一流講師の授業を受けることが大切です。東進の講師は、日本全国から選りすぐられた大学受験のプロフェッショナル。何万人もの受験生を志望校合格へ導いてきたエキスパート達です。

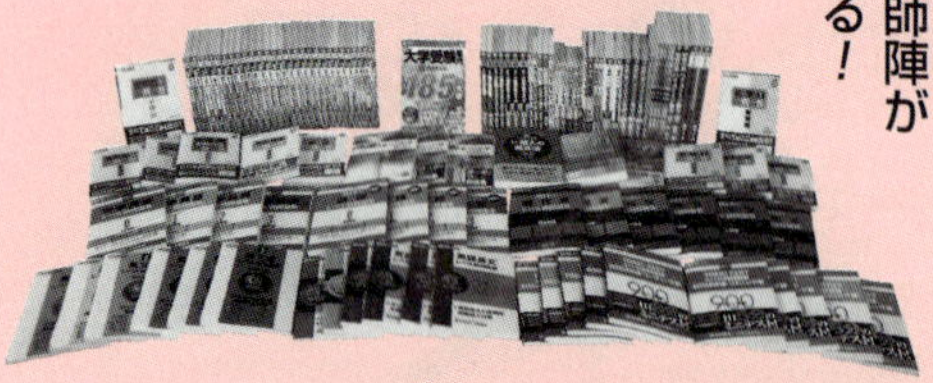

英語

「スーパー速読法」で、難解な英文も一発で理解させる超実力講師!

渡辺 勝彦 先生
[英語]

予備校界のカリスマ講師。君に驚きと満足、そして合格を与えてくれる

今井 宏 先生
[英語]

数えきれないほどの受験生の偏差値を改造、難関大へ送り込む!

安河内 哲也 先生
[英語]

情熱と若さあふれる授業で、知らず知らずのうちに英語が得意教科に!

大岩 秀樹 先生
[英語]

29年間で20万人以上の受験生に支持されてきた知的刺激溢れる講義をご期待ください。

西 きょうじ 先生
[英語]

雑誌『TIME』の翻訳など、英語界でその名を馳せる有名実力講師!

宮崎 尊 先生
[英語]

数学

短期間で数学力を徹底的に養成。知識を統一・体系化する!

沖田 一希 先生
[数学]

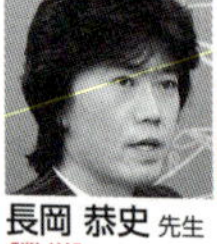

受講者からは理Ⅲを含む東大や国立医学部など超難関大合格者が続出

長岡 恭史 先生
[数学]

数学科実力講師は、わかりやすさを徹底的に追求する

志田 晶 先生
[数学]

国語

予備校界の超大物が東進に登場。ドラマチックで熱い講義を体験せよ

吉野 敬介 先生
[古文]

ミスター驚異の現代文。数々のベストセラー著者としても超有名!

出口 汪 先生
[現代文]

「わかる」国語は君のやる気を生み出す特効薬

板野 博行 先生
[現代文・古文]

小論文指導の第一人者。著書『頭がいい人、悪い人の話し方』は250万部突破!

樋口 裕一 先生
[小論文]

縦横無尽な知識に裏打ちされた立体的な授業に、グングン引き込まれる!

三羽 邦美 先生
[古文・漢文]

ビジュアル解説で古文を簡単明快に解き明かす実力講師

富井 健二 先生
[古文]

理科

全国の受験生が絶賛するその授業は、わかりやすさそのもの!

田部 眞哉 先生
[生物]

橋元流の解法は君の脳に衝撃を与える!

橋元 淳一郎 先生
[物理]

地歴公民

全国の政経受験者が絶賛のベストセラー講師!

清水 雅博 先生
[公民]

入試頻出事項に的を絞った「表解板書」は圧倒的な信頼を得る!

金谷 俊一郎 先生
[日本史]

"受験世界史に荒巻あり"と言われる超実力人気講師

荒巻 豊志 先生
[世界史]

WEBで体験

東進ドットコムで授業を体験できます!
実力講師陣の詳しい紹介や、各教科の学習アドバイスも読めます。
www.toshin.com/teacher/

合格の秘訣2

革新的な学習システム

東進には、第一志望合格に必要なすべての要素を満たし、抜群の合格実績を生み出す学習システムがあります。

映像による授業を駆使した最先端の勉強法

高速学習

一人ひとりのレベル・目標にぴったりの授業

東進はすべての授業を映像化しています。その数およそ1万種類。これらの授業を個別に受講できるので、一人ひとりのレベル・目標に合った学習が可能です。1.5倍速受講ができるほか自宅のパソコンからも受講できるので、今までにない効率的な学習が実現します。
（一部1.4倍速の授業もあります。）

1年分の授業を最短2週間から1カ月で受講

従来の予備校は、毎週1回の授業。一方、東進の高速学習なら毎日受講することができます。だから、1年分の授業も最短2週間から1カ月程度で修了可能。先取り学習や苦手科目の克服、勉強と部活との両立も実現できます。

現役合格者の声

東京大学
理科Ⅰ類
吉田 樹くん

東進の高速学習なら部活がない時や学校が休みの時にたくさん講座を受講できるので、とても役に立ちました。受験勉強を通じて、早期に勉強を始めることが重要だと強く感じました。

先取りカリキュラム（数学の例）

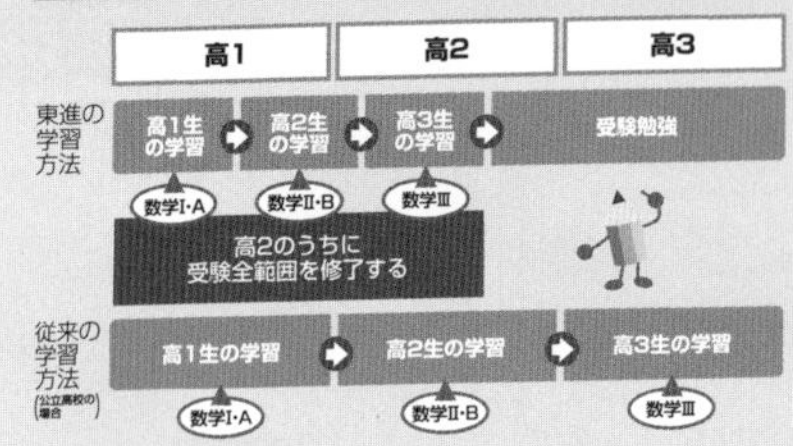

高1
高2
高3
東進の学習方法
高1生の学習
高2生の学習
高3生の学習
受験勉強
数学Ⅰ・A
数学Ⅱ・B
数学Ⅲ
高2のうちに受験全範囲を修了する
従来の学習方法（公立高校の場合）
高1生の学習
高2生の学習
高3生の学習
数学Ⅰ・A
数学Ⅱ・B
数学Ⅲ

目標まで一歩ずつ確実に

スモールステップ・パーフェクトマスター

自分にぴったりのレベルから学べる習ったことを確実に身につける

高校入門から超東大までの12段階から自分に合ったレベルを選ぶことが可能です。「簡単すぎる」「難しすぎる」といった無駄がなく、志望校へ最短距離で進みます。
　授業後すぐにテストを行い内容が身についたかを確認し、合格したら次の授業に進むので、わからない部分を残すことはありません。短期集中で徹底理解をくり返し、学力を高めます。

現役合格者の声

早稲田大学
国際教養学部
竹中 蘭香さん

毎回の授業後にある確認テストと講座の総まとめの講座修了判定テストのおかげで、受講が終わってもほったらかしになりませんでした。授業内容を定着させやすかったです。

パーフェクトマスターのしくみ

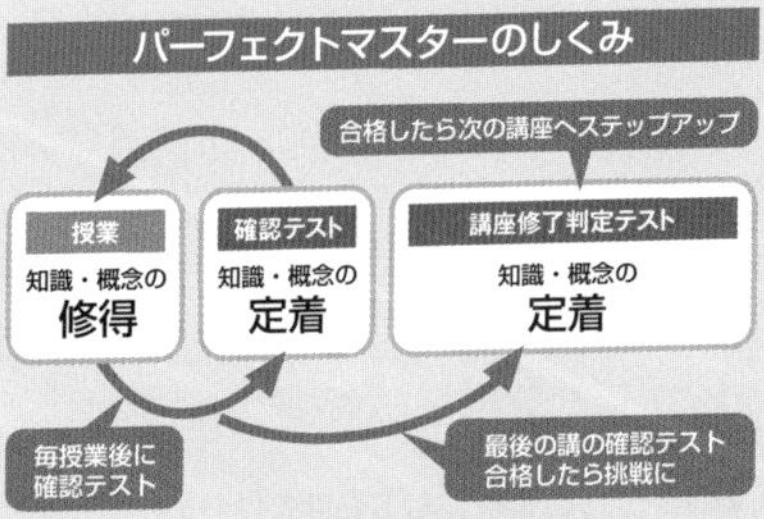

合格したら次の講座へステップアップ
授業
知識・概念の
修得
確認テスト
知識・概念の
定着
講座修了判定テスト
知識・概念の
定着
毎授業後に
確認テスト
最後の講の確認テスト
合格したら挑戦に

徹底的に学力の土台を固める
高速基礎マスター講座

高速基礎マスター講座は「知識」と「トレーニング」の両面から、科学的かつ効率的に短期間で基礎学力を徹底的に身につけるための講座です。文法事項や重要事項を単元別・分野別にひとつずつ完成させていくことができます。インターネットを介してオンラインで利用できるため、校舎だけでなく、自宅のパソコンやスマートフォンアプリで学習することも可能です。

現役合格者の声

上智大学 理工学部 杉原 里実さん

「高速基礎マスター講座」がおススメです。短い期間で一気に覚えることができるだけでなく、さらにスマートフォンでも学習できるので、とても便利でした。

東進公式スマートフォンアプリ

東進式マスター登場！

スマートフォンアプリですき間時間も徹底活用！

(英単語／英熟語／英文法／基本例文)

1)スモールステップ・パーフェクトマスター！

頻出度(重要度)の高い英単語から始め、1つのSTEP(計100語)を完全修得すると次のSTAGEに進めるようになります。

2)自分の英単語力が一目でわかる！

トップ画面に「修得語数・修得率」をメーター表示。自分が今何語修得しているのか、どこを優先的に学習すべきなのか一目でわかります。

3)「覚えていない単語」だけを集中攻略できる！

未修得の単語、または「My単語(自分でチェック登録した単語)」だけをテストする出題設定が可能です。すでに覚えている単語を何度も学習するような無駄を省き、効率良く単語力を高めることができます。

「新・英単語センター1800」

君を熱誠指導でリードする
担任指導

志望校合格のために君の力を最大限に引き出す

東進では、担任による合格指導面談で、最適な学習方法をともに考えます。更に担任助手が中心となり日々の学習状況の確認をしていきます。「熱誠指導」で、生徒一人ひとりのモチベーションを高め維持するとともに、志望校合格までリードする存在、それが東進の「担任」です。

現役合格者の声

慶應義塾大学 法学部 成田 真惟子さん

担任の先生は受験についてのアドバイスだけでなく、将来の夢を見据えて受験することの意味も教えてくださいました。受験期に辛くなった時には励ましていただき、とても心強かったです。

個別説明会

全国の東進ハイスクール・東進衛星予備校の各校舎にて実施しています。

※お問い合わせ先は、付録9ページをご覧ください。

合格の秘訣3

東進ドットコム

ここでしか見られない受験と教育の情報が満載！

大学受験のポータルサイト

www.toshin.com

東進　検索

東進公式Twitter @Toshincom

東進公式Facebook www.facebook.com/ToshinHighSchool

スマートフォン版も充実！

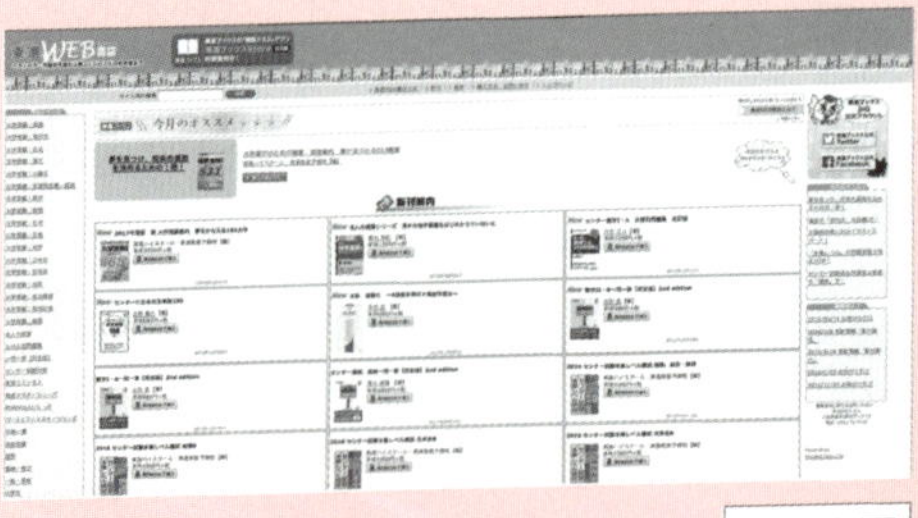

東進ブックスのインターネット書店

東進WEB書店

ベストセラー参考書から夢ふくらむ人生の参考書まで

学習参考書から語学・一般書までベストセラー&ロングセラーの書籍情報がもりだくさん！あなたの「学び」をバックアップするインターネット書店です。検索機能もグンと充実。さらに、一部書籍では立ち読みも可能。探し求める1冊に、きっと出会えます。

最新の入試に対応!!

大学案内

偏差値でも検索できる。検索機能充実！

東進ドットコムの「大学案内」では最新の入試に対応した情報を様々な角度から検索できます。学生の声、入試問題分析、大学校歌など、他では見られない情報が満載！登録は無料です。

また、東進ブックスの『㊔大学受験案内』では、厳選した185大学を詳しく解説。大学案内とあわせて活用してください。

Book

Web

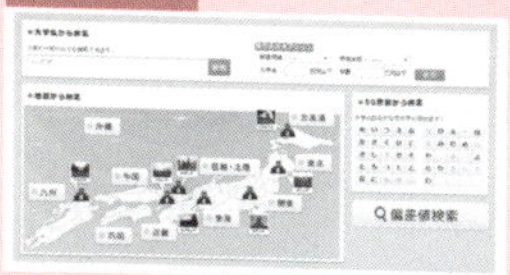

難易度ランキング

50音検索

185大学・最大22年分の過去問を無料で閲覧

大学入試過去問データベース

君が目指す大学の過去問をすばやく検索、じっくり研究！

東進ドットコムの「大学入試問題 過去問データベース」は、志望校の過去問をすばやく検索し、じっくり研究することが可能。185大学の過去問をダウンロードすることができます。センター試験の過去問も最大22年分掲載しています。登録・利用は無料です。志望校対策の「最強の教材」である過去問をフル活用することができます。

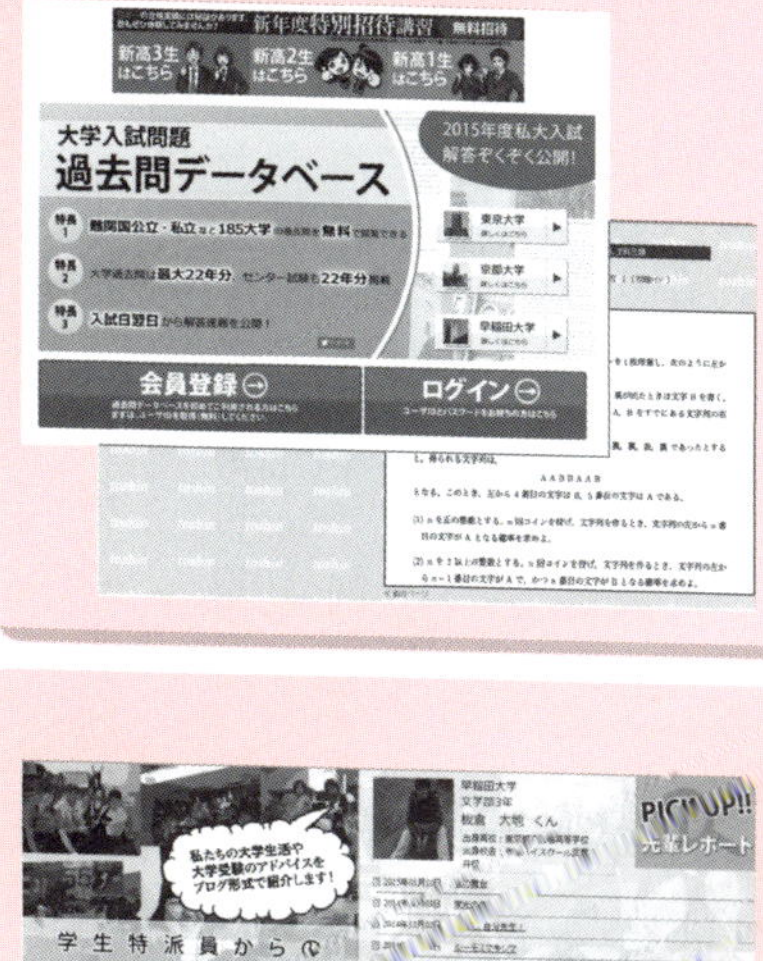

学生特派員からの

先輩レポート

東進OB・OGが生の大学情報をリアルタイムに提供！

東進から難関大学に合格した先輩が、ブログ形式で大学の情報を提供します。大勢の学生特派員によって、学生の目線で伝えられる大学情報が次々とアップデートされていきます。受験を終えたからこそわかるアドバイスも！受験勉強のモチベーションUPに役立つこと間違いなしです。

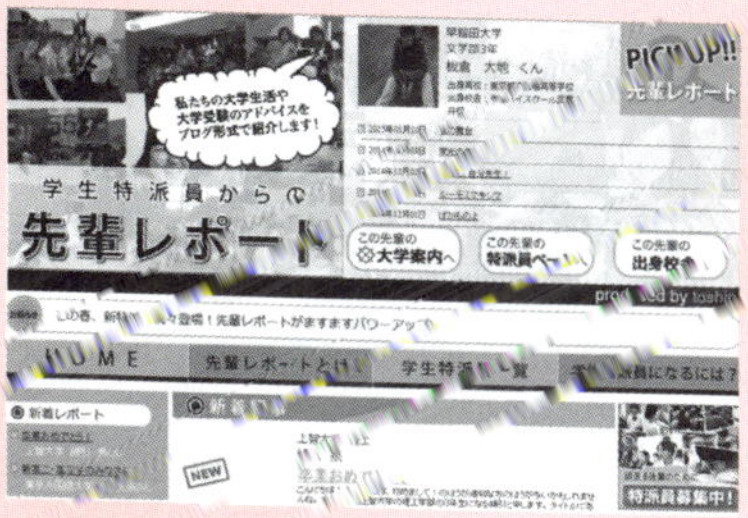

スマートフォンからもご覧いただけます

東進ドットコムはスマートフォンから簡単アクセス！

合格の秘訣4

東進模試

申込受付中

※お問い合わせ先は付録9ページをご覧ください。

学力を伸ばす模試

「自分の学力を知ること」が受験勉強の第一歩!!

「絶対評価」×「相対評価」のハイブリッド分析

志望校合格までの距離に加え、「受験者集団における順位」および「志望校合否判定」を知ることができます。

入試の『本番レベル』

「合格までにあと何点必要か」がわかる。早期に本番レベルを知ることができます。

最短7日のスピード返却

成績表を、最短で実施7日後に返却。次の目標に向けた復習はバッチリです。

合格指導解説授業

模試受験後に合格指導解説授業を実施。重要ポイントが手に取るようにわかります。

東進模試 ラインアップ 2016年度

- センター試験本番レベル模試 受験生 高2生 高1生 ※高1は難関大志望者 年5回
- 高校生レベル(マーク・記述)模試 高2生 高1生 ※第1～3回…マーク、第4回…記述 年4回
- 東大本番レベル模試 受験生 年3回
- 京大本番レベル模試 受験生 年3回
- 北大本番レベル模試 受験生 年2回
- 東北大本番レベル模試 受験生 年2回
- 名大本番レベル模試 受験生 年2回
- 阪大本番レベル模試 受験生 年2回
- 九大本番レベル模試 受験生 年2回
- 難関大本番レベル記述模試 受験生 年5回
- 有名大本番レベル記述模試 受験生 年5回
- 大学合格基礎力判定テスト 受験生 高2生 高1生 年4回

センター試験本番レベル模試とのドッキング判定※

- 全国統一高校生テスト 高3生 高2生 高1生 年1回
- 全国統一中学生テスト 中3生 中2生 中1生 年1回
- センター試験同日体験受験 高2生 高1生 年1回
- 東大入試同日体験受験 高2生 高1生 ※高1は意欲ある東大志望者 年1回

全国統一高校生テスト

全国統一中学生テスト

※最終回がセンター試験後の受験となる模試は、センター試験自己採点とのドッキング判定となります。

東進で勉強したいが、近くに校舎がない君は…

東進ハイスクール 在宅受講コースへ

「遠くて東進の校舎に通えない……」。そんな君も大丈夫！ 在宅受講コースなら自宅のパソコンを使って勉強できます。ご希望の方には、在宅受講コースのパンフレットをお送りいたします。お電話にてご連絡ください。学習・進路相談も随時可能です。

※2016年3月末現在